道友社文庫

大いなる慈母

東本初代・中川よしの道

高橋定嗣著

D OYUSHA
B UNKO

JN135304

道友社

序文

このたび、かつて「天理時報」に連載されていた東本初代会長のエピソードを、道友社で一冊の本にして下さることになりました。

東本初代の伝記は、これまでに幾つか出版されましたが、今回は伝記という感じではなく、ただいま道を歩んでいる私たちよふぼくの、日々の信仰生活に寄与するエピソードを書き連ねたものです。この本を執筆するにあたって、著者の髙橋さんは色々と苦労して、新しい資料を集めてくれたようですが、一番うれしく感じましたことは、いままでの伝記が、ともすると東本初代の厳しさのみが強調されて、そのあたたかい人間性、理の子供たちにとって大変やさしい母だったことが忘れられてしまうという点を、この書物がとりのぞいてくれたということでしょう。東本の初代は、厳しい「理の人」であると同時に、限りなくやさしい「情の人」でもあったと思うのです。

初代は毎年暮れの二十五日頃から正月まで、絶対に身を横たえて寝られなかったと聞かせて頂きます。「みんな布教先で苦労している。この年の瀬をどうしているだろう」と考えたら、眠れなくて、火鉢にもたれて過ごされたということです。

だから東本の古い先生方は、

「初代会長様！」

と口に出したら、もう泣いていたのです。

「お叱りを受けると、うれしかった。自分のようなつまらぬ者にも、こんなにお心をかけて下さっていると思うと、もったいなくてうれしくて仕方なかった」

と聞いたことがあります。

さまざまな苦労の中を通りながら、東本の初代は、

「私はちっとも苦労していませんよ。私は苦労したいと思ったけれど、教祖は私に少しも苦労させて下さらなかった。数ならぬ身の私のような者さえ、教祖はおたすけにかかれば、教祖はどんどんとたすけて下さった。教祖お一人がご

苦労下さったのです」

ここに東本の初代の信仰がすべて語られているような気がいたします。教祖！　教祖！　教祖！　と初代はひたすら教祖をおしたい申しあげ、おすがり申しあげたことでございましょう。そのひたむきな姿は、そばの者たちの涙をさそわずにはいられなかったのです。

お父さまの兵輔氏が「中川与志」をあらわし、息子の定嗣さんが今また東本初代のエピソードを書かれたということは、私にとって大変うれしいことです。

教祖百年祭に向かうこの時に、きっとこの本は、日々の私たちの歩みの上に、杖とも柱ともなってくれることと信じております。

昭和五十三年十一月二十日

創立八十周年記念祭を前にして

東本大教会長　中川うめ子

もくじ

I

タンポポの花

空《す》き腹のために、時折ヒイヒイと力ない声をあげる痩《や》せた赤ん坊を背にして、いかにも田舎者といった様子の、みすぼらしい服装の婦人が東京の街を行く。日照りの中を、色のさめたコーモリ傘の柄をしっかりと握りしめて歩く。そのコーモリ傘の上に、なんと赤ん坊のおしめを干しながら、せっせと歩いていくのだ。

これが東本初代会長中川よしの若き日の布教姿である。

二十二歳で入信し、五十四歳で出直すまで、その生涯をかけて、ひたすらたすけ一条の道を貫いた。

よしが丹波《たんば》から東京へ二度目の布教に出て来た時のことである。しばらく泊めてもらえるだろうと当てにしていた家から冷たくされ、四、五日の滞在で追い出されてしまった。よしには泊まる家も食べ物も、また、もちろん食べる物を買う金もなかった。第一回の東京布教の時出来た信者たちは、よしが無宿であること、三度の食事はもちろん何日も食事をとらないで布教に歩いていることは知らなかった。いかがわしい男たちのため、野宿も思うにまかせなかった。夜はお寺の門柱や立ち木にもたれて立ったまま眠った。よしは当時、数え二十九歳だった。

明治三十年の大晦日《おおみそか》も、三十一年の元旦も立ち睡りの夜をすごした。

こうしたある朝、川端で顔を洗おうとすると、一匹のカニが出て来て、よしの目前を穴の中へ逃げこんだ。それを見て、（もしかしたら、私に宿を与えてやろうという神様の思召《おぼしめし》かもしれない）と思った。

その日、大畑《おおばたけ》の中沢秀治郎を訪ねた時、うっかりこの話をした。まさか、よしが無宿であるとは思いもつかなかった中沢は驚き感激して、早速その日から自宅の一室を空けて、よしの寝泊まりの用に供した。

よしはまだ若かった。布教者であるよしにとって、若さというものは邪魔であり、辛《つら》いことであり、悲しみの原点だった。世間は中沢との間をかんぐって、いろいろとあらぬ噂《うわさ》を立てた。それが中沢の妻の嫉妬《しっと》を誘った。それが時には口に上って、夫婦の争いになることもあった。

ある夜、よしはおたすけの帰りが遅くなった。表戸が締まっているので、コンコンと叩《たた》いたが、なかなか戸は開かなかった。そのうち、何か家の中で争う物音がする。戸の節穴からのぞいて見ると、中沢は開けようとする、中沢の妻は世間の思惑を気にかけて、そうさせまいとしている。

（私がいるばっかりに、ほこりを積ませている）

と、よしは中沢家を出て行った。

（起きて三尺、寝て六尺、どんな見すぼらしいあばら屋でもいい、これが自分の住居だというものがあったら、こんな情けない思いをしないですむものを——）

よしは無言のうちに、中沢家に訣別《けつべつ》を告げた。

かくてまた、住むに家なく食うに物なし、という布教道中が始まったのである。

夜、どこかの家の軒端でやすもうとすると、浮浪者が誘惑に来る。公園で一夜を明かそうとすると、巡査に追い払われる。夜も休みなく歩き続けねばならなかった。

おたすけがまず第一で、赤ん坊のおしめを干す場所も余裕もなかった。晴れた日はコーモリ傘の上で、雨の日は自分の素肌に巻いて、体温でかわかした。

そのある夜、小さな神社の境内で一泊することになった。数日間の空腹で、背の子は火のつくように泣く。乳を含ませても、なお泣き叫ぶ。よしが自分の乳房をいくら絞ってみても、一滴の乳も出なかった。

思い余ったよしは、ふところから手拭いを取り出した。自分の汗と人知れず流した涙をぬぐった手拭いである。それを近くの小川に浸して、赤ん坊の口に含ませた。赤ん坊は泣きやんで勢いよく吸った。この子、光之助《みつのすけ》は母の汗と涙を乳の代わりに吸ったのである。

よしは、わが子を見つめながら親神に祈った。

「現在は子供への愛にひかされて、道の精神がにぶるとは思いません。しかし長い年月のことでございます。私も子供の母です。万が一にも子供ゆえに心がいずみ、たすけ一条の精神がにぶるようなことがあっては、全く申し訳ないと思います。いっそのこと、今ここでこの光之助の命をおひきとり下さいませ。子供は無情な親と思うことでしょう。しかし母と共に道にはげんだという理は、幼いこの子の魂に永遠に残ることでしょう――」

　やがて、夜が明け初める。

　そのほとりの小川の水を手にすくって、おぢばの方に向かって、お供えした。今のよしには一滴の水が限りなく尊く思えた。

「ありがとうございます、ありがとうございます。すみません、すみません。ほんに今の私は、ご恩も教祖のご苦労も分からせて頂きました。申し訳ありません。もったいのうございます」

　手に捧《ささ》げた水を何べんも何べんも拝んだり礼をいったりしているうちに、水は漏ってなくなってしまう。なくなってはまたすくい、よしと赤ん坊が涙と共に飲んだ水は、何回目にすくったものであったか知れなかった。

　ふと見ると、そこには、一輪のタンポポが咲いていた。たった今しがた射しはじめた朝の陽《ひ》にキラッと光って、小さなタンポポが、それは美しく咲いていた。早春に咲く一輪のタンポポ、けなげに咲く小さな花、よしの目には、それが限りなく愛《いと》しく見えた。

よしは、その時の思い出を、こう語っている。

「タンポポを足で踏みにじる気はしませんでした。旬が来て、タンポポは咲いています。私と子供にも、このタンポポと同じように咲く旬が来るであろうか――そう思ったら、一輪のタンポポがいとおしゅうて、よう踏みませんでした――」

教祖への思慕

中川よしは、いわゆる「いんねんの深い」人であった。ここで言う「いんねんの深い」という意味は、悪いいんねんの持ち主で、人生において物事が自分の幸福から遠のいた形で起こってくるという意味と、お道に深いかかわりを持っている前生いんねんの持ち主だったという意味を含んでいる。従ってよしは、透明と形容しても良いような純真な魂の持ち主だった。十四歳の折、行脚《あんぎゃ》をしている六部《ろくぶ》（諸国をめぐり乞食〈こつじき〉する巡礼のこと）の姿を見て、自分も六部になりたいと主張して両親を困らせた。あまりにも強い願いに両親が負けて「それでは六部でなく、せめて尼にしよう」としたが、これは小学校時代の先生の説得によって取りやめとなった。平素両親に対しては何事も逆らったことのないよしが、両親を非常に困らせた点から、強い宗教心の芽生えと、内に蔵された強烈な意志とを読みとることができる。

よしは、明治二年七月四日に、兵庫県の篠山《ささやま》町で明山《あけやま》家の長女として出生しているが、当時青山藩の蔵米払役をしていた明山家は間もなく没落してしまうのである。明治四年に行われた廃藩置県やその他の維新の混乱に、父がさまざまの商売に手を出し、それにことごとく失敗し、ついに家屋敷すら人手に渡った。その時、祖母のたいは「借金は一文もまけてもらってはいけない。今、裸になっても、いつかまた家運は挽回《ばんかい》できる。その時になって、借金を値切ったとあっては、子孫に傷がつく」といって、家屋敷が人手に渡るのを少しも苦にしなかった。

明治八年には明山家は篠山を去って、京都府丹波国船井郡南大谷村に移住するのである。養子であった父はやがて明山家から離縁して出てしまう。お嬢さん育ちの母うのは、その細い腕でなれない農の手伝いや女中奉公をして、その日を暮らし子供たちを育てた。そうして三、四年の後、宮川村に、しばらくして赤熊《あかくま》に引っ越すのである。

よしは、南大谷の崇広館《すうこうかん》という小学校を卒業して後、数え年十三歳のころから約五年間、赤熊の中川甚五兵衛という豪農の家に子守奉公をした。そして、その後また亀岡の垂水《たるみ》という醤油《しょうゆ》醸造業を営む家に奉公に出る。よしの幼少時代は惨めだったといってよい。

明治二十年二月、よしは中川弥吉《やきち》のもとに嫁した。よし十九歳、弥吉三十三歳であった。弥吉は以前結婚した経験があり、市之助という子供まで出来ていたが、そのこまきという先妻は弥吉の放蕩《ほうとう》に辛抱できず、市之助を連れて実家に帰ってしまったのである。よしの結婚は二人の間の年齢差、前後の事情を考えてみても、決して幸福であったとは思われない。

後年、よしは東本二代会長中川庫吉《くらきち》夫人の富恵《とみえ》に、こう言った。

「私はいんねんの深い人間でねえ。だけど、いんねんの深いということは、ありがたいことなんだよ」

すると、嫁に来たばかりの初々しい富恵は、

「お母さま、わたくしは、いんねんの深いのはいやでございます」

と言うのだ。よしは、

「いんねんは、深いほうがありがたいのだよ。いんねんの浅い人だったら、

よそ見をしたり道草をしていても許して頂ける。だけど私はいんねんが深いから、目隠しをされた馬車馬みたいに、目の前に見えるただ一筋の細い道を、一生懸命、ひたすら走らなければならなかった。今になってみると、いんねんの深いほうが、どれだけありがたかったか分からないよ」
と言っている。

いんねんの浅いほうが深いほうより良いと思うのが常識であるが、道の者は、特に道一筋で通る者は、いんねんの深い者のほうが真剣命懸けに道を通れるということなのだ。苦難の道を歩むことによって、人間の精神は強靭《きょうじん》になり、同じく苦難の道を歩む人への思いやりが出てくるのだ。それに自分はいんねんが深いと固く自覚した者のほうが、確かな信仰的成長を遂げることができる。

やがて弥吉は、八坂峠の道路開鑿《かいさく》工事を請負って損害を招き、よしが生まれた後の明山家と同じように、中川家の家屋敷も田畑も人手に渡ってしまう。それに弥吉の道楽も加わるのだ。

見込み違いの道路工事のために零落した弥吉・よし夫妻は、明治二十三年、数え三歳の庫吉を伴って大阪に出た。この大阪の地で、かねてから熱心にこの道の信仰をしていた弥吉の姉、「南」の信者高向いよによってにをいをかけられ入信する。いよは、とりわけ実弟の弥吉には熱心に信仰を勧めた。

当時弥吉の心は、まことに複雑にくもっていた。落ちぶれたわが家族、自分の歩んできた過去の道、不安に満ちた将来、何か安心の道を無意識に求めていたであろう弥吉は、この道の話を姉から諄々《じゅんじゅん》と聞かされているうちに、元来信仰について浅からぬいんねんの持ち主であったので、次第にこの道の教えを聞き分けて、やがて松永好松《よしまつ》の集談所にも参拝し、高向家の講社祭の日には欠かさず出かけるようになった。弥吉夫妻は、このようにして、姉夫婦や松永好松の仕込みを受けて次第に信仰を深めた。

はじめ、よしはおてふりを見るとおかしくて、いやで仕方がなかった。また聞かせて頂くこの道の話も他の教えとあまり違わないように感じられたので、弥吉について参拝に行っていても、さして熱心にはならなかった。

そのよしは、間もなく火の玉のようなおたすけ人になる。それほど熱心でなかった、よしの心に黎明《れいめい》をもたらしたものは、聞かせて頂く教祖ひながたの道であった。

自らの家庭の事情から、深く胸にしみてきたいんねん一条の道であった。

暗く閉ざされていたよしの心の扉を勢いよく開いたもの、よしは初めて教祖ひながたを聞いた時のことを述懐して、

「初めて教祖のご履歴をうかがって、世の中にはそれほど尊いお方もおありなさるのに、自分は数にも足らぬ勤めを行って、それに満足を抱いたり、不足を感じたりした自分の料見に愛想がつきた。ただもう私は、自分の身に立ち返って恥じ入るばかりで、打ち倒れて泣きました」

と言っている。

世界いちれつをたすけるために、貧のどん底に落ち切られた教祖、わが身わが家のいんねんのために、よしは幼い頃から、さまざまな苦労をなめてきたが、三千世界をたすけるために味わわれた教祖の数々のご苦労の道すがら、しかもその筆舌に尽くせぬご苦労の中を「水を飲めば水の味がする」と明るく陽気に通られた教祖。よしの純真な心に、いかに深く強い感動を与えたことであろう。

以来、よしは生涯、教祖を思い、教祖を慕い、教祖のご苦労をしのんで涙した。

　とにかくよしは、事、教祖に関する限り、その信念は徹底していた。部内教会長、役員、おたすけ人が東本の演壇から話をする時、たとえその話の内容がどのように立派なものであっても、教祖について一言でも触れない限り「道の話としての生命がない」と、必ず厳しく注意し、叱言《こごと》をいった。

　よしは近郷近在に、その例がないと言われるほどの苦労をしてきた。しかし、それは単に明山家、中川家のためのものでしかない。いわば、自分のいいんねんに操られ苦しめられていたに過ぎない。自分だけの苦労だった。

　それなのに教祖は、世のため人のため、三千世界を救うため、想像もできぬご苦労をして下さった。驚異と感嘆と感謝と感激とは、よしの胸中に火の玉となって渦巻いた。

　二十二歳の時、大阪で初めて教祖ひながたを聞かして頂いて以来、よしは、その五十四歳の生涯を終えるまで、教祖を語るたびに、また教祖を想《おも》うたびごとに、その一生を泣き通した。

よしのこの涙は、同情や悲しみや苦しみの涙とは全く異質のものであった。教祖の筆舌に尽くせぬ数々のご苦労の道すがらに感激して、こらえてもこらえてもこらえ切れず、われ知らず落とす厳しく尊い「感激の涙」であった。

よしが、ただ一言、

「おやさまは……」

と言って、ハラハラとこぼす涙の粒は、きっと、どんなに美しかったことだろう。

当時の道の人々は、このようなよしやその理の子供たちの日常を見て、

「涙でつけた東本の道」

と評した。

おたすけ人への道

この道の話を、次第に深く聞かせて頂くとともに、よしは、自分が今までに、とてつもない心得違いをしていたことに気がついた。そして、自分には実に深いいんねんのあることを知った。第一に夫のもとへ嫁いできても、露ほども夫のことをありがたいと思ったことはなかった。夫がわずらわしいとさえ思うことがあった。実の両親に対しても、様々なことから心の中で大きな不足をしていた。教祖のひながたを聞くうち、よしは心底申し訳なかったと思った。

ある日、よしは松永好松に訊《たず》ねた。

「私は、いったいどうしたならば、これまでの心得違いの道を神様におわび申して、悪いいんねんを切らせて頂くことができるのでございましょうか」

松永は、

「まず夫様を、心の底から立てて通りなさい。どのようなことがあっても、それはあなたのいんねんです。夫様をありがたいと真から思えるようになるまで、拝んで通りなさい。それにあなたはよくよくいんねんが深いから、そのいんねんを切り替えるためには、これから後、教祖の足跡を踏んで、世界たすけのため世を送るよりほかに道はありません」

と諭した。それを聞くと、なぜか、よしは暗然とした表情をして松永を見上げて、

「でも私には、第一に人様をたすけるために必要なお金がありません。また人様をたすけるような徳もございません。私のような至らぬ者では、とても教祖のお足跡を踏ませて頂こうと思っても、踏ませて頂くことはできないと思います」

と正直に言った。

よしの頭には、中山家の全財産をほどこし尽くして、貧のどん底に落ち切られた教祖のひながたがあった。教祖の足跡をたどるといっても、よしは、

この時既に貧乏のどん底にいた。物も金もなかった。従ってよしには、金がなくて困っている人に金を持って行ってやることはできなかった。食べる物がなくて難渋している人に、米を持って行ってあげることもできないではないか。初信の人は、人をたすけるというと、すぐに物や金を与えることが、たすけることだと誤解する。

松永は、これに答えて、

「金や物や恩恵で人だすけをするのはそれはホンの一時のたすけです。へたをすると、あれも欲しい、これも欲しい、もっと欲しいという心を助長し、乞食のような精神をつくってしまう恐れもある。だから、物や金でのおたすけは、表面だけの救いに過ぎません。真の救いではないのです。しかし、心をたすけるたすけは、永遠のたすけなのです。神様の理に基づいたたすけこそ誠のおたすけです。教祖の説かれたこの道の布教をすることは、偉大なる心霊救済事業なのであって、つまり最大最高の人類に対する救済事業なのであって、かつその範囲は広汎《こうはん》無限、広大な尊い価値をもっているのです。このような宗教を世界にあまねく伝える布教者こそ、神によって選ばれた光栄あるようぼくといえないでしょうか。その場限りの憐憫《れんびん》による感傷は、だめです。人を根本から永久に救う道は、この教えを世の中に弘《ひろ》めるよりほかにはないのです。これが何よりもの神様に対する第一のご奉公なのです！」

松永好松は、よしに話しているうちに胸が高ぶってきて、最後の言葉は怒鳴るように吐いた。この熱烈な、火を吐くような勢いの言葉を聞いて、よしは、ふだんは温厚な松永先生が、言葉遣いは丁寧だが、このような激しい口調で吐いた、その後にある信仰信念を思った。

世の中には人を救う道は、幾らでもある。様々な宗教があり、様々な修養団体もある。しかし、前生から持ち越している心のほこり、いんねんを切ることを教えて下さる教えがほかにあろうか。前生からのいんねんを切って、心の底から人々を救うといって下さるのは、この神様の道をおいては、決してほかにはない。よしは、そう固く信じた。松永のあふれ出る熱誠が、そう信じさせた。こう信じると、よしの今までの苦悩が鮮やかに解けていくのが分かった。暗く閉ざされていた目の前が、たちまち洋々と開けていくような気がした。

松永先生のお話からすれば、人間の心がたすかれば、自然のうちに難病もたすかるのである。さすれば、まず何を措《お》いても、人様の心を救わねばならぬ。人様の心を救うには、本末転倒のようではあるが、まず人々が患っている病気や様々な家庭の事情を救っていかねばならぬ。そうして人様に神様への目を開かせ、親神の人間に対する思召《おぼしめし》、教祖の説かれたご理想を語らねばならぬ。ふつつかながら教祖のお足跡を慕い、天理教を世の中へ弘めるために、身を粉にして働かせてもらおう。もともと、この人間の身体というものは、親神から貸し与えられたものであるとお聞きしている。すれば生きるも死ぬるも、これひとえに親神の思召次第である。もし明日にも親神からご催促があれば、否応《いやおう》なしにお返し申さねばならぬ自分の命である。私はたった今死んだつもりになって、命懸け真剣に苦労してみよう。よしは、そう決心した。たとえ親や夫やきょうだいから何と言われようとも、この決心は変えまいと、心に固く誓った。

　そうしてよしは、直ちに一番最初のおたすけをした。このおたすけぶりには、入信早々の頃のよしの信仰の姿が、よく表れているように思われる。

ある日、よしの自宅の前を、見すぼらしい磨き砂売りの女が歩いていた。その磨き砂売りは、そのころ毎日のように、よしの住んでいる周辺の街を回っていたのであるが、よしが「おたすけ人にならせて頂く」という決心がつくまで気がつかなかったのだ。実は、その磨き砂売りの背中に負っている子供の頭には、瘡《くさ》が一面に出来ていた。女はいかにも所帯やつれがしていた。

「可哀《かわい》そうに」と思ったよしは、同時に松永の言葉を思い出した。すぐにその母子を呼びとめ家へ連れてきて、やさしくいたわり「その子供さんの瘡を私にたすけさせて下さい」と頼んだ。

磨き砂売りは、よしの言葉の意味をはかりかねて、ポカンとしていた。

「私は天理教の信者です。神様は三千世界の人間を、みなたすけたいと仰せられています。私たちは神様のお手伝いをさせて頂こうと思っているのです」

よしは、その子の年齢と住所と親の名前をきいて、親神に三日の「願」をかけた。よしは、まだおさづけの理を拝戴《はいたい》していない。当時の道の人たちはおさづけの理は頂いていなくても、病人の枕許《まくらもと》でおつとめをしたり、願をかけておたすけをしたのである。そうして三日間、毎日ここに寄るようにと話した。二日目にはじくじくと膿汁《うみ》が出ていた瘡が、だいぶ乾いてきた。三日目には鮮やかなご守護が見えて、ほとんど瘡はなおっていた。

　磨き砂売りの女は大変喜んで、

「私は、ごらんのように貧乏で、お礼といっても何もできません。どうか、これを受け取って下さい」

と一升の磨き砂を差し出した。よしはそれを押し頂いて、暮らし向きの苦しそうな磨き砂売りに、三升の米を与えた。

「子供さんを、おたすけさせて下さって、ありがとう」

とお礼を言うのであった。

　よしは、貧しい磨き砂売りから受け取った一升の磨き砂をもって、いそいそとおぢばまで歩いて運んだ。磨き砂売りは、よしにといって差し出したのだが、もちろん、これは神様へのお礼である。御本部の神前に供えて、よしは長々とお礼を述べた。

　その時、本部におられた先生が感心して言われた。

「あんたさんが、瘡の子供さんをたすけられたのか。それは結構やった。教祖がお喜び下さっていることやろう。教祖も瘡の子をおたすけされたことがある。隣のかせ屋の乳呑子《ちのみご》だった。これも一面の瘡で、親御さんが困り抜いていた。それを見て教祖が『その子、私にかして下さらんか』と仰せられて、ご自分のふところに入れられて、ご自分の唾《つば》を指につけて、その唾を子供の膿の出るところへつけておやりになった。それを余念なく繰り返しておいでになった。そうしたら、子供の瘡がだんだん乾いて、きれいな頭になった。それで教祖は『もう心配ありませんで』と仰せになって、かせ屋にお返しになったことがあります。あんたも瘡の子をたすけて下されたのか。教祖はきっとお喜びやで」

よしは、この話を聞いて、ああ、もったいない。もったいないことです。私などは教祖のお徳を頂いて、たすけさせて頂いただけですのに、と思った。

（教祖は子供の瘡をなめておたすけ下さいましたが、私はとてもそこまでいかなかった。「人をたすける」ということは、そこまでの真実を出さなければならないのだ。教祖をお慕いする以上は、もっともっとおたすけの上で苦労させて頂かねばならぬ。教祖の万分の一の真実が出せるようになるまで——）

よしは思うのであった。

一枚板の百間橋《ひゃっけんばし》

それからのよしは、夜となく昼となくおたすけに奔走した。おたすけが熱心になるにつれて、一番つらい目にあったのは庫吉であった。当時三歳から四歳の間にあったのだが、四歳の春、つまり明治二十四年一月に妹の春子が生まれてからは、それまで手を引いておたすけに連れていってくれた母のよしが、数え年四歳の庫吉に、ひとりで留守番をさせた。弥吉が木賊《とくさ》や椋《むく》葉《ば》の行商がてらおたすけに出る。そのあとで、よしは春子を負い、庫吉をひとり家に置いて、おたすけに出た。留守中、間違いやけがをしないように、またどこかへふらふら行ってしまっては困るし、かといって連れて出ては、悪いさかりの庫吉のこととて足手まといになると、ついによしは、家を出る時に何か食べ物を煮ておいて、外から戸締めをして出かけた。それが、ほとんど毎日のように続いた。

夏の夜など、よしが帰ってみると、待ちくたびれた庫吉は、飯粒だらけの茶碗《ちゃわん》やひっくり返った鍋などで足の踏み場もない中で、一人で畳の上に転がってグウグウ寝ている。庫吉の全身には、足といわず手といわず顔といわず、真っ黒に蚊がたかって血を吸っている。無意識に掻《か》いた跡には赤い血が流れている。汗疹《あせも》はくずれて、しまいにはこの掻きくずしたあとに膿《うみ》をもち、全身瘡《かさ》だらけになった。この瘡はいかにもひどかった。その年を越えてもまだ直り切らなかったぐらいである。しかし、よしは、教祖のひながたに比べてみて、この哀れな庫吉の姿を見ても、まだまだもったいないことであると思った。

そのころ、よしは一つの不思議を経験した。よしは既に道一条の決心をしていたが、夫の弥吉は家族を養わねばならぬことでもあり、商売を主としてにをいがけに歩いていたが、そのうちまたいんねんに負けてしまった。女のもとに行ったきり、さっぱり家に帰らないのである。入信早々にして起こった夫の異性問題について、よしは、どのような態度をとったであろうか。よしは、かなり冷静であった。しかし、よしも、やはり女だった。何日も帰って来ない弥吉に時折、無性にいらだちを覚えた。女としての嫉妬《しっと》も少しはあったかも知れぬ。

（いったい、夫と女とは、どんなことを話しているのだろう）

そう思って、よしは二人の住む小さな家にそっと立ち聞きに行った。

（夫はいつも女に迷うけれども、相手になる女は、いったい、どんなことを言って男をだますのだろう）

よしは耳をすまして、二人が話しているのを聞いた。そして、意外な事実を発見した。だんだん聞いている間に、女が夫をだましているのではなく、むしろ自分の夫が女をだましているのだということを知った。自分は今まで、とんでもない間違いをしていたと気付いたよしは、後年、夫の女性問題で悩む婦人たちに、

「いちがいに相手の女を恨むのではないよ。両方よく聞いてみた上でなくては、どっちがだましているか分からないよ」

と言っている。

よしは夫と女の話を立ち聞いて、夫の方が悪いと知った時、それまでに、こうしたことがたびたびあったことを思った。よしに人間心が出た。夫が憎らしくなったのである。そして、暗い夜道を春子を背負って帰りながら、さみしい思いにかられて、ふと思った。

（あんな夫は盲目にでもならなかったら、家に帰って来ないだろう）

不思議なことに、弥吉は間もなく風眼になって、両眼がつぶれて、よしのもとに帰って来た。

よしは自分が思った通りのことが表れて驚いた。しかし、自分は、あの時だけふっと思うたのであろうか。「思い通りにはならん、みな心通りになってくる」という話を聞いたことがあるが、あの時偶然に思ったのではなかった。考えてみると結婚以来、そう思い続けてきたのだ。思いとは、今日思って明日忘れてしまうような他愛ない考えである。心とは、今日も明日も、寝ても覚めても心のどこかにあり続けているものである。してみると、自分の心通りになったのだ。自分が夫を盲目にしてしまったのだ。もし夫の目がこのまま開かなかったら、自分は一生この盲目の夫と子供を連れて、生活の心配までして通らねばならぬ。自分の方が余程いんねんが深いのだと、よしは悟った。

「申し訳ない心を遣いました。どうかお許し下さいませ。もう生涯夫の不足は申しません」

と、よしは親神に一心不乱に願った。

「神様、どうかこの夫の目を私の目と代わらせて頂けるものなら代わらせて下さいませ」

親神は直ちに、このよしの願いを聞き入れられた。夫の目は全快し、よしが目を患った。そして間もなく、よしの眼病もご守護頂いた。

ちょうど、このころ、松永好松の集談所が移転しようとしていた。よしは夫と自分の目のたすかったお礼として、その移転費をお供えする決心をした。移転の費用は百二十円であった。よしはこの費用を焼芋を売ってつくった。朝早くから晩遅くまで、人の三倍ぐらい売り歩いた。何カ月かかって、ようやく百円の金が出来た。そのうち移転の日も迫る。あとの二十円は、高向の兄に借金を申し込んだ。高向は信仰の後輩である中川家が、そこまで踏ん張っているのに驚いて、結局この二十円を集談所にお供えしたのである。

そうして弥吉・よし夫妻は、松永好松の指示によって、布教のために弥吉の郷里赤熊に赴くのである。

弥吉は「今度こそ一生懸命にやらなくてはならん。子供も二人になったし」と、まず生計の道を得るために、再び山に入って炭を焼いたり、農業の手伝いをして真剣に働いた。働きながら布教をした。

よしはもちろん、定めた精神一筋におたすけに従事していた。弥吉の働きによって次第に生活も楽になってきた。そのように順調にいけば、よしにはほとんど苦労はなかったであろう。

だが、親神は再びよしに試練を科した。弥吉はだんだん赤熊の生活がいやになってきたのである。あまりに冷たい世間の風、なりふり構わず神様に夢中になっている妻、妻の心は神様へ神様へとひた向きに進んで、だんだんと心と心の距離が遠ざかっていくような気がする。優しく素直で、よく勤めてくれるが、よしの顔を見ると、時折よしの目があまりにも澄んでいるので、何か眩《まぶ》しさを感ずるようになった。弥吉はついに家を出て、隣村のある女のところへ行ってしまった。よしは干魚の行商をしながら、一人の子の手を引き、もう一人の子を背負ってにをいがけに歩いた。

　ある雪の降る夜、意を決して、二人の子供のうち、どちらかを弥吉に預かってもらおうと、よしは、その家を訪ねた。

「あなたが、こうしてこちらにおられることについては、私は不足にも何も思いません。しかし、私一人で小さな子供を二人も連れていますと、大事なおたすけがおろそかになります。それでは、せっかくこうして赤熊へ帰らせて頂いても、神様に申し訳ないと思います。すみませんが、どちらか一人、あなたの方で預かってもらえないでしょうか」と頼んだ。

　すると弥吉は「そうか、それはすまなかった。では俺はすぐ家へ帰るから、お前、子供を連れて、ひとまず家へ帰っていてくれ」と言った。

　よしは、その夫の言葉に実がない、と思った。情けなかった。淋《さび》しさと寒さにふるえながら、また一人を背負い、一人の手を引いて雪の降る暗い道を引き返した。

　途中、橋の上に差しかかった時、橋板が破損して穴が開いている所があった。よしは、その個所をよく知っていたのだが、雪が積もっていたためと、悲しさで呆然《ぼうぜん》として歩いていたので気が付かず、その穴の中へ左足を踏み込んでしまった。

ガクッとした瞬間、背中の春子は驚いて泣き出す。激しい痛みをこらえて引き上げた足のすねからは、真っ赤な血がズキズキと流れている。暗澹《あんたん》とした雪空は物音一つない静けさである。あたりはしんしんとして降り続く雪に人影もない。張り詰めた弓のごとく、こらえにこらえてきた強靱《きょうじん》な心の弦も、ついに切れた。思わずホロホロとこぼすよしの涙に、手につかまっていた庫吉も声をあげて泣いた。

しかし、よしは、このことで深く悟るところがあった。初め、よしは、

（神様も分からない）

と思った。

自分は女手一つに二人の子供を抱えて神様のご用をし、その日が越しかねる道中である。反対に夫は妻子を顧みず、女のところに入り浸っている。神様があるならば、神様は自分に味方をして下さるはずである。それが反対に、

自分の方に向こうずねの大きな傷を与えられた。

（神様も分からない）

そう思っている間、よしの向こうずねの傷は悪くなるばかりであった。よしの前には、今や一枚板の百間橋《ひゃっけんばし》があった。向こう岸は理の世界、こちらの岸は人間心の世界、この間にかかった極《ご》く細い、恐ろしいほど長い橋。厳粛な綱渡りのように、真の信仰者が必ず渡らねばならぬ橋。よしは、この一枚板の百間橋を半年かかって渡った。そうして信仰生活の最初の難関を突破したのである。

――人間の常識と神の思惑は違うのである。

――いんねんは、どうしても自分で果たしていかねばならぬ。

――たとえ、だれであっても、人を頼ってはならぬ。人が頼りではない、神が頼りである。

自分は後家いんねんなのだ。夫があっても、後家のいんねんなのだ。覚悟の決まったよしは、自分の不幸な境遇を嘆いていた心をさらりと捨てて、がぜん大きな歓喜と勇猛心がわいてくるのを覚えた。

それからのよしは、他人が乞食とののしる苦難の生活の中から思わず「みかぐらうた」が口を突いて出て、道を歩いていても、「おてふり」が自然にわが身を踊らせるのであった。その顔は常に口許《くちもと》がほころんできた。

村人たちは、

「およしは、いよいよ気がふれた」*

と言いだした。

*巻末参照（以下同）

鬼神に似たり

いったん郷里を捨て、大阪に出て一旗挙げようとした中川弥吉・よし夫妻は、その大阪でにをいをかけられ、南集談所の信者になった。所長松永好松の指示で、夫妻はやがて、郷里赤熊で布教を始めることとなる。

明治二十五年一月二十九日、弥吉は、一本の天秤棒《てんびんぼう》の前と後に笊《ざる》を釣り、前の笊には五歳になった庫吉を乗せ、後の笊にはわずかの手回り品と石を積んで平均を取り、四日かかって再び郷里赤熊の土を踏んだ。よしはその四日後に春子を背負って帰った。

しかし中川夫妻には帰るべき家がなかった。家は昔のままにあるが、それは先年大阪へ出る時に、人手に渡してしまった家である。そこで空いていた日下部《くさかべ》源治郎の閑居を、一カ月二十七銭の家賃で借りて住むこととした。六畳と三畳の家である。

この布教は並大抵でなかった。よしは篠山からやって来た〈よそもん〉である。この土地に自分の家も土地もなく生活状態も低かった。父親はのんだくれで、家を飛び出して行方不明である。嫁しては夫弥吉の行状がたたり、その上、大阪から成功して帰るかと思えば、反対に尾羽打ち枯らして帰って来た。そうして「神様だ、神様だ」と夢中になっている。村人たちに馬鹿だ、乞食だ、狐つきだとののしられた。* ありがたい親神の話を聞かしてもらおうなどという人は一人もいなかった。

家でおつとめをしていると、子供ばかりか大人までが、石や瓦のかけらを抛《ほう》りこんだ。道を歩けば子供たちに、はやし立てられる。庫吉と春子は村中の子供たちにいじめられ通しであった。よしの足はおのずと、二里、三里、五里離れた村々へ向かった。しかしにをいはかからなかった。

これではならぬ、何とか親神に受け取って頂いて、親神に踏ん張って頂かねばならぬ。そこで、よしは「一人をたすけるのに百里（四〇〇キロメートル）を歩く」決心をした。歩くというのは、おぢばへの道を歩くのである。

当時、大阪のおたすけ人たちの間では「人を五人たすけたら本部へお礼参りせよ」と言われていた。それを、よしは「一人ににをいがかかったら、ご本部へお礼参りとお願いに参らして頂きます。そして、その人がたすかってくださったら、またご本部へお礼に参らせて頂きます」と決心した。赤熊からおぢばへ約二十五里、往復五十里、これを一人の人に対して二回行うのである。

おたすけの合間に自分で作った藁草履《わらぞうり》をはき、背には春子を負い、庫吉は家に残して、弁当代わりに袋に三合の堅豆《かたまめ》を入れて、夕刻から赤熊を出た。淋《さび》しい山中の道を歩き通して、夜明けには池田に着き、猪名川《いながわ》の流れで髪を梳《す》き、顔を洗い、口をすすぎ、また歩き始める。大阪の「南」から「高安」に参拝し、晩には早《は》やおぢばに参拝し教祖の御前に、こまごまとお礼やお願いや報告を済まし、そうして直ちに引き返して、庫吉の待つ赤熊へと帰った。最も早い時は、眠る間もなく、ぶっ通し二昼夜をもって、この道中を歩いた。

よしの最も多く通った道は、赤熊→森上《もりがみ》または栗栖《くるす》→下田→千軒→出合《であい》→一庫《ひとくら》→妙見《みょうけん》一ノ鳥居→池田→大阪→本部であったといわれる。このうち出合までを丹州《たんしゅう》街道という。出合から池田までを能勢《のせ》街道という。赤熊から池田までは淋しい山道であった。それを女の身で夕刻から出発したのである。たすけ一条の道に専念したとはいうものの、よしの布教費の出所は一切なかった。家賃も払わねばならぬ。二人の子供に食わして行かねばならぬ。弥吉は最初こそ懸命に働き、中川家の生活は次第に豊かになったが、やがて一年後には隣村のある女のところに入り浸りになってしまうのだ。

さらに一年後に庫吉に見せられた、ある事情にかかわる高安の役員佃巳之《つくだみの》吉《きち》のさとしによって、弥吉は「道の猛者《もさ》」、文字通りのあらきとうりょうに回心するのであるが、この時にはいんねんに負けていた。

よしは夫の助けもなく凍るような冬の日、左に庫吉の手を引き背中には素肌に春子を負い、その上から厚司《あつし》のような着物を着、右手に笊をもって、干《ほし》鰈《がれい》や出しじゃこを売りながら、にをいがけに歩いた。

近郷近在にない貧乏だった。人々はその風体《ふうてい》を指して「乞食のおよし」とあざけった。しかし、よしの心は錦の心であった。正直で、腰は低く、言葉は丁寧だった。着る物もなく食うものもない中から、生活に不自由している人には、おたすけの合間に農の手伝い、俵編み、干魚売り、草履作りで得た金銭、物品を惜しげもなく与えた。自分と子供は命さえつながしてもらえば結構というのであった。子供たちは砂糖の入らないハッタイ粉を水にとかした物を与えられ、よしが弁当代わりに持って歩いた堅豆をしがんで食べさしてもらって、生命をつないだ。

明治二十七年の正月、庫吉と春子は、村の子供たちがきれいな着物を着て、餅《もち》を食べているのを見て、うらやましくなり、

「お母さん、お餅というものを、いっぺん食べてみたい」

といった。

よしは、すぐ土間に降り、十俵の米俵を編んで、隣村の南大谷の知人に頼み、わずかの餅に代えて、庫吉と春子に与えた。

よしの丹波での布教は、その全生涯での本舞台である。涙なしには語れないおたすけがたくさんある。これはその一つである。

赤熊から東北二十町足らずのところに、大内という在所がある。冬の寒い

日に、ここのよろづ屋に寄ったところ、そこの老婆から、ある婦人が産後の肥立ちが悪く、今しがた亡くなったということを聞いた。

「惜しいことをなさいましたね。神様におすがりになっておれば、そんなことにならなかったでしょうに」

　何気なくそう言って、ここを立ち去った。

　ところが、これを伝え聞いた村人が、天理教のおよしが来て、けしからぬことを言ったということになり、

「そんなら、天理教に生かしてもらおうじゃないか！」

とこじれてきた。

　村の代表者が何人かで、よしを迎えに来た。この時は、さすがのよしも顔色が変わった。

　死んで何時間もたった者が生き返るはずがない。しかし先方はもはや意地づくである。

　ついに、よしは悲壮な決心をした。まず親神におわびをした。

「死んだ者をたすけろと呼びにまいりました。かような難題を持ちかけられ

ますのも、私が平素、我が強かったせいと存じます。幾重にもおわび申し上げます。今はこのような事態に立ち至って、もう抜き差しなりません。神様！　死んだ者をおたすけくださいとは願いません。今はただ、私の命をお引き上げくださって、せめて神様の御名を汚さないで済みますよう、何とぞ、私の勝手なお願いをお許し下さい」

よしは春子を背負い、大内の村人に連れられて大内へ行った。途中の谷川には薄氷が張っていた。

よしの覚悟は既に決まっていた。自分がこの場所で、わが命を捨てることであった。死んだ人間をたすけて頂くというより、自分で死ぬことであった。だが、親神に申し訳だけは立てておかねばならぬ。死んだ人の夫に向かって、

「死んだ者をたすけよ、とおっしゃるには、何かあなたにも覚悟がおありでしょう。それを伺いましょう」

と切り込んだ。

既に死を覚悟したよしには、すさまじい気迫があった。今となっては恐ろしくもこわくもなかった。ただ、死しても尚《なお》、やむにやまれぬたすけ一条の

信念だけがあった。

「死んだ人をたすけるという以上、私も真剣です。また、たすけろとおっしゃる以上は、あなたも真剣でしょう。その真剣な真実を見せてください」

その家の主人は、その口調のすごさに、身体が震えた。

「一体、どうせいというのだ」

「あなたがたも、命懸け真剣の覚悟を決めて、神様にお願いして下さいと申し上げているのです。それではお願いさせて頂きます！」

よしは立ち上がり、戸外へ出た。そして凍った池の中へ、バリバリと氷を踏み割って入った。首まで水につかって座った。

「天理王命様！　この上は、私の命をお召し下さって、せめて神様の御名を汚しませぬよう……」

無言のうちに、手を合わせ瞑目《めいもく》した。見つめていた村人たちは余りのものすごさに、身体の震えが止まらなかった。

そうしてよしは、氷の水に入ってはおさづけを取り次ぎ、入ってはおさづけを取り次ぎ、このことを八度繰り返した。しかし何のしるしも見せて頂けなかった。

九度目、よしはこれが最後と覚悟を決め、寝かせてあった赤ん坊の春子を抱いて、氷の池へ入った。春子は余りの冷たさに初めは火のつくように泣いたが、次第に声も出なくなった。

三十分がたち、一時間が過ぎた。氷の中のよしは微動だにしない。よしをいじめてやろう、天理教をやっつけてやろうと、さっきまで思っていた人々は、今は息をひそめて、その成り行きを見守った。彼らにも、よしの捨て身の行いが、いかにも尊いものに映ってきた。

どれだけの時間が過ぎたか――死人は、ついによみがえった。

血の気は完全に失せ、唇は黒紫色に変わって、気の遠くなりかかっていたよしは、

「およしさん！　生き返ったぞオ！　生き返った！」

という声で気がついた。強靱《きょうじん》な精神力だけが、よしを支えた。そして村人たちが涙をこぼしながら、ほとんど感覚を失ったよしと、死んだようになった春子を、力を合わせて池から上げた。

よしの命を懸けた誠真実が、捨ててはおけん、ほってはおけんという親神の守護を招来したのである。この時のよしは、まさに鬼神としか名付けようがない。

別席はこび

よしの別席は、明治二十六年一月に初席を運び、七カ月目の同年七月十九日におさづけの理を拝戴《はいたい》している。

よしは赤熊からおぢばへの道程を喜び勇んでかよった。乾いた砂が水を吸い込むように、よしの心に別席の話はじっくりと浸みこんだ。

「神さまや、ぢばやといふて、はる〴〵の道を訪ねて来ても、別にこれぞといふ詣所《まいりしょ》もない、拝み殿《どの》もなし。そこで、この所は詣るのやない、親の里へかへるのや。人間は今までは、この世はじめの親もわからず、里も分らなんだ。それ故に、みなわが心から難儀をしてきた。そこでこのたびは、元なる親が元の屋敷へあらはれ出て、よろづの事を説いてきかしてくださる」

「教祖様が『いまはるばると、はこぶのは、くらうの中やろ。なんぎの中やろ。なれど、まだ〳〵、火の中も、水の中もあるで。火の中や、水の中を通るのに、又よこあひから、はりでつゝかれるやうな、道もあるでなあ。どんな道がありても、ふんばるのやで』と仰せくださりました」

「よその人が、教祖様につげぐちする人がござりまして、おうちの事、だれそれは、どういふてる、かういふてると、さま〳〵の事を申上げた。そこで教祖様、仰有《おっしゃ》るには、『神さんな、そんな事、きくな〳〵と仰有るよってな、そんな事いふておくれるなら、もうきておくれなへ』と仰せられて、それからあとで、そばのものに仰有るには『あら、ほこりのちょうちんもちやで、よその事、もちこむものは、又もってでるで。中ごと、わるつげはほこりのちょうちんもち、と神さん仰有るで』と御聞かせ被下《くだされ》ました。『多くよりくる、かへってくる子供のその中に、荷造りして、車につんで、もってゆくやうなものもあるで、又ふるしきづつみにして、せおってゆく人もあるで、又やぶれふるしきに、一ぱい、いれてさげていくもある。内へかへるまでには、なんにもなくなってしまふやからもあるで』と御聞かせ被下た事があります」

「身上は助かっても、たすからいでも、神様の御恩はむくいます、といふ精神がさだまったら、是《こ》れをかりもの丶理がわかったと云《い》ふ。身上がたすからなんだら、まあ、つくすことはやめぢゃ、といふやうなしんじんでは、かりもののりがわかったとも、又しんじつのおやさま、といふ理がわかったとも、ゆはらせん」

「思ひごとかなへてくれたら、これだけの事しますといふのは、せかいなみのあくにんでも、そのくらいのちかひはする。神様の御道をきいたものが、そんな事では、助かる事はでけん。しかるに御助けをさしてもらふもの、とりつぐものからして、こんどだれそれは、あれは、あれだけのしんじつさだめたから、三日の中には御助け下さるやろ、など丶いふて、よろこんでゐる。神ちやうど、みちをしらんものどうしが、よってはなしてゐるやうなもの。神がはたらくに、はたらけんと仰有る」

「人を助けたいといふのに、なんぎ、くらふをいとふてゐるやうな事で、助けられやうか。人を助けるといふには、あぶない所も、なんぎな処《ところ》も、くらうもいとはず、かからにゃならん。さうして、かゝった処で、その心の誠を、親さん受取って下さるからして、なんぎして、はてさうな所も助けてくださる」

「わがものと思ふから、悩まんならん。わがものやない。前生の通りかたによって、天からそれ相当の夫を貸してもらっているのや。夫が悪いのやない。前生のわが姿を見せられているのである。そこで、ひとを責めるでない、わが身のさんげや。わが身のさんげは、わが身の事をすっきり忘れて、世のため、人のため、神さんのために働かしてもらふことや。その誠の心を天の神さんが受け取ってくださって、めん〳〵のいんねん果たさしてくださるのや。世界では、この世に神さんがおいでになるといふている。そうやない。神さんの世界に人間がいるのや。この世に神さんがおいでになるといふから、神さんをさがし歩かんならん。そうやない。神さんのふところの中に、人間住まわしてもろているのや。そやから、神さんは見ぬき見とほしや。逃げもかくれもできへん。みんな御存じや。今生だけやない、前生、前々生みな御存じである。その上から、めん〳〵の今生を御守護していてくださるのや」

よしは別席の話を聞きながら、ありがたくてありがたくて、涙が止まらなかった。ああ、本当にお聞かせ頂く通りだ。神様のおっしゃることに千に一つも違いはないのだ。教祖がお教え下された通りなのだ。

お聞かせ頂く話の一つ一つが、お話し下さる先生のお言葉の一つ一つが、よしの胸を打った。よしは、もったいなくてもったいなくて、始めから終わりまで涙をこぼし続けた。そして思うのだった。

（私のような数ならぬ身の、至らぬ者が、皆様方と同じように、ただの九席だけを運んでおさづけの理を頂くのはもったいない。私はこれから一席を運ぶごとに、赤熊から二回以上、ご本部に運ばせて頂こう）

よしは言っている。

「私のような、何一つ取り柄のない女にさえ、結構なお宝をくださる。このお宝を頂けば、心さえ誠であるならば、物をもって人をたすけるのでもない、知恵や学問で人をたすけるのでもない、このお宝一つで、人様がたすかって下さるということである。それを、もったいなくも私のような女に下さる。

私は何という幸福者であろう。神様、どうかおさづけの理を頂かせて下さいました暁には、休む暇もないほど、このお宝を使わせて下さいませ」

おさづけの理を拝戴するについて、よしがいかに喜び、いかに勇んでいたかがわかる。東本系では昔、おさづけの理を頂戴《ちょうだい》することを、「お宝を頂く」といっていた。お宝というのは「たっといもの」という意味である。

よしがおさづけの理を頂くまでは、どのようにして病気の人をおたすけしたかといえば、当時おさづけの理がなくておたすけをしていた人が皆そうであったように、おたすけ先で神棚（もちろん天理王命様を祀《まつ》っているとは限らなかった）にお燈明をあげ、お水を供えて、朝夕のおつとめと同じおつとめをして、ひたすら親神に願うのであって、病人の身体は撫《な》でないのである。

よしは足取りも軽く、勇み切って、丹波の赤熊からおぢばへと運んだ。「南」から「高安」へ参拝し、十三峠を越える時は、こかん様が、御年十七歳で教祖の仰せのまま、浪速《なにわ》の町へ神名を流しにご苦労くだされたことを思った。こかん様もこの山坂をお通りあそばしたのだと思うと、十三峠の道にころがる一つの石ころにも、こかん様ご苦労の理がこもっている気がした。

だが石ころを踏まなければ十三峠を越えることはできぬ。

「もったいない。もったいないことでございます」

よしは涙をこぼしながら、この道を通《かよ》った。別席できいた教祖ご苦労の話を心に反芻《はんすう》しながら、歩いた。

教祖が貧のどん底に落ちきられ、食うに食なく、点《とも》すに油なく、月の光で糸を紡がれた。そのおそばで一緒に糸を紡がれたこかん様。

「お母さん、お米が二合しかありませんよ」

大晦日《おおみそか》の夕方、こかん様は教祖に仰有る。

すると教祖は、明日は正月というのに、明るい声で、

「二合しかなければ、二合たいておき」

と仰せられた。

こかん様は素直なお方で、教祖の仰せどおり、二合の米をおときになる。

その時、教祖が朗らかな声で唄《うた》われた。

米びつの米は

かれても

北側の細川の
　水はかれんで

米はなくなっても、こんこんと流れる澄んで美しい水はなくなることはないと仰有るのである。素直なこかん様は、その北側の細川の水で、たった二合の米をといでおられる。

　こかん様のように、教祖の仰せに素直に従いたい、とよしは思うのだった。「若き神」といわれたこかん様は、やはり人間であった。女であった。人間として、女としての苦しみの道をお通りになった。そのことが、よしには慕わしくてならなかった。

　またよしは、秀司様やおまさ様のことを思った。おはる様のことを思った。お子様方は、どんなにお辛《つら》かっただろうと思うと、よしにはおぢばへの道を一歩々々踏みしめて歩きながら涙があふれてくるのだった。

　よしがおぢばへ運んだ回数は、別席の最中、別席のみのために月二回以上、おたすけのためのお願い参りやお礼参りで、五回や六回ですまなかった。

　おさづけの理を頂く日、よしは、かんろだいの前にぬかずいた。

「私はもう何もいりません。どうぞ、今日頂きますおさづけを、朝から晩まで使わせて下さいませ。これが生涯の私のお願いでございます。毎日おさづけを取り次がせて下されますなら、御飯を頂けなくとも結構でございます」もって、いかにおさづけの理を、ありがたく、尊く、重く、受けたかがわかる。よしは、この時に誓った親神との約束を生涯かけて守った。

明治二十六年七月十九日、よしは、本席・飯降伊蔵先生から、尊いおさづけの理を拝戴した。

しつけ糸

よしが長い、気の遠くなるように長い、「一枚板の百間橋」を渡って半年目、明治二十七年一月に、ついに夫弥吉の回心の時が来る。

ある日、当時七歳の庫吉が、朝起きて、表に飛び出したきり、いつまでも帰ってこない。

よしが、何をしているのかしらと、いつもなら放っておくのだが、その時は何か予感のようなものがあって、表に出てみると、どこにも庫吉の姿は見えなかった。赤熊は雪が降ると、田畑も道も池も、一面雪景色になって、区別がつかなくなる。

この雪の中を遠くへ行くはずがない。そこらにいるであろうと、よしは、

「庫吉！」

と呼んだが答えがない、もしや、と思って、よしは雪の上についた小さな足跡をさがした。近くに何かで遊んだらしい乱れた足跡があり、それは家の裏の小さな池の方へ一直線に向かっていた。よしは狂気のようにその方角へ走った。見ると、庫吉の足跡の尽きたところで、溜池《ためいけ》の氷が、口をあけていた。

「庫吉が池に落ちた！」

よしは大声で叫んで、そのまま池の中へ入って、息をしない庫吉を引き上げた。

近所の人々が集まってきた。だれかが弥吉に知らせに走り、弥吉も飛んで帰ってきた。水を吐かせたり、火を焚《た》いて温めたり、人工呼吸もしたかもしれぬ。

よしは、死にもの狂いでおさづけを取り次いだ。冬というのに、玉の汗をかいた。今は弥吉も必死で、わが子の蘇生《そせい》を神に祈った。

ありがたいことに、とてもたすかるまいと思われた庫吉に間もなく息がもどったのである。

その夜、弥吉・よし夫妻は久方ぶりに、この庫吉のことについて語り合った。

「何かの神様のお知らせだと思います。何をお知らせ下さったのでしょう?」

「さあ、何だろう」

弥吉は、これまで道の話をききながら、自分のしてきたことを省みて、やはり心に咎《とが》めるものがあった。

「この度は、ご守護を見せて下さいましたが、この理を悟らずにおりますと、またどんなことが起こるか分からないような気がします。明日にも高安へ運んで、おさとしを伺いたいと私は思うのですが、ご一緒に行って頂けますか」

「うん」

弥吉は、よしの真剣な目に見つめられて承諾した。

翌日、弥吉はまだ元気のない庫吉を背に、よしは春子をおぶって、赤熊を出て、南へ南へと高安への道を急いだ。

よしは、佃先生におさとしを頂きたいと思っていた。佃巳之吉は高安の役員であり、「さとしの佃」と呼ばれて、そのさとしの的確なことで有名であり、よしは佃のことを尊敬していた。

かつて、こういうことがあった。丹波からわざわざ歩いて佃に話を伺いに行った時、

「先生一言で結構ですから、神様のお話を聞かせて下さいませ」

とよしが言うと、佃は、

「よう見えた。それでは一つお話しさしてもらいましょう。あのな、およしさん、この道は朝起き、正直、働きというてなあ…」

佃は話をはじめた。よしは、

「先生、ありがとうございました。もうこれで結構でございます。また、お願いします」

と帰り支度を始め、立ちかけた。佃はおどろき、

「な、な、中川、は、は、話はこれからやが。ひ、人に話をさしかけて、どこへ行くのや」

と、あわてて引き止めた。よしは、畳に手をついて、

「先生、ただいまの一言のお話で、私のようなものには充分でございます。私は頭も悪うございますし、実行もにぶいものでございますから、たくさんお話を伺っても覚えていることができません。ただいまのお言葉、朝起き、正直、働き、を三月なり半年なり実行さして頂いて、充分実行ができ、あとあとも続けられるということが分かりましたら、また教えを頂きに参ります」

と答えた。欲と一言いわれれば、欲を去り、高慢と一言きけば、高慢をとる。それがよしであった。一言の教理も、真に神の言葉と受け止め、押し戴《いただ》いて、よしは、全身全霊をもって、これに応えたのである。

さて、高安に着くと、幸い佃がいた。夫妻は、こもごも庫吉が危うく溺死《できし》しようとした顚末《てんまつ》を話して、

「先生、これは一体、どういう神様の思召《おぼしめし》なのでしょうか」

とたずねた。佃は弥吉に向かって、

「中川さん、あんたはどう思いますか。道なき道を歩みさえしなければ、いかに氷の上とはいえ、こんなことにならなかったと思います。何か、あんた

に思い当たることはありませんか」

こうさとした。

弥吉は、さすがにびっくりした。しかし佃先生は、かねて家内から自分のことを聞いて知っておられるのだろうと思ったので、

「申し訳ないことです。全くその通りでございました。よく分かりましたから、今後は充分改良して通らしてもらいます。ありがとうございました」

そう言って、席を立とうとした。

すると佃は、何を思ったか、

「中川さん、ちょっとお待ちなさい。もういっぺん、ここへお座りなさい。あなたの今言われたことは、それは本当にそう思っておられるのですか。口先ばかりではありませんか」

と重ねて言った。

「いや、そんなことはありません。今度こそ、改良いたします」

「うそでしょう！　それは」

「いや、本当です。わが子がこんな目に会って、目が覚めないわけがありま

せん」

「いや、本当ではない。私には信じられませんよ」

　こうして二人は押し問答をした。そのうち弥吉は怒り出した。

「一体、先生は何をもって、さようなことを申されますか！　私も男だ、神様の前でお誓いしたことに偽りはありません。それを先生が信じないのは、一体どこに根拠があるのだ」

と佃に詰め寄った。すると佃は、

「それでは申しましょう。このお子さんをごらんなさい」

と、そばにいる庫吉を指した。

　弥吉が見ると、別に変わったところがない。ただ無心に、洗いざらしではあるが、仕立ておろしのチャンチャンコの躾糸《しつけ》をむしっている。よしがこのたびの庫吉のことで、心配のあまり躾糸を取っておくのを忘れていたものか、あるいは、だれかの物を借りてきたかで、躾糸を取っていなかったらしいのである。

「中川さん、このお子さんは、今、一生懸命、躾糸を取っているでしょう。

躾糸というものは、一体なんですか。何のために、つけてあるのですか。仕立てあがった着物の型をくずさないために、つけるものではないですか。その躾糸を、今ここで、お子さんが取っておられるということは、あなたに心底から改良の心がない、またしばらくしたら、あなたの精神が崩れてしまうということを知らされているのではないですか。まだまだ身を持ち崩す心配のあることを、神様が教えていて下さるのだと思います。どうですか？」

弥吉は、佃の言葉をきいて、「うーん」とうなった。

さすがの弥吉も一言もなかった。心の底から感嘆した。

「天理教とは、これほどまでの道でございましたか。全くお言葉の通りでございます。なんとも申し訳ございません。今日こそは骨身にしみて、よく分からしてもらいました。これからは、今日かぎり、過去の一切を改良して、神様のご用に使《つこ》うて頂きます」

弥吉は答えて、神殿に平伏して、ややしばらく頭を上げなかった。この日以後、弥吉は、道のため、布教のため、一身を投げうって、突き進んだのである。

弥吉が、松永好松と南の信者小橋某と、三人して、九州布教の荒道に出たのは、それから間もない三月のことであった。この九州布教が、後の筑中《ちくなか》分教会の礎となった。

中川弥吉は、生涯、自己弁護をしなかった。弥吉の通った道は陰徳を積む道、人目につかぬ道であった。わが身わが家の都合を一切捨てて、「南」のために、身も心も尽くした。弥吉は「俺は生涯家なし講だ」「俺はお道の日本左衛門だ」と、よく言った。自分は道のため、あちこち飛び回って働きさえすればよい。自分は一生、わが身わが家を忘れて働くのみであるという意味である。

当時の「南」も、また光輝ある苦労の最中であった。松永好松は、この艱《かん》難《なん》辛苦の中を「今日の日が結構や」とみなを励まして通った。

弥吉はこの道中、夜になると人力車の賃《ちん》挽《び》きをして南に尽くした。そして口癖のように「結構や、結構や」と言っていた。松浦甚造が、

「中川先生、そんな車挽きまでして働いて、自分は一文も使わんで、何が、そんなに結構ですか」

ときくと、弥吉は、

「お前らに、そんなこと分かるかい。俺は何でもかんでも結構なんじゃ！」

と言い放った。

弥吉はご用の上ばかりでなく、人にも気前がよかった。困っている人があると、自分があとで困ることを承知で、ぽいぽいくれてしまうのだった。このころ、みんなが内緒で、弥吉のことを「大風に灰まきさんや」とあだ名した。

弥吉が東本へ帰ったのは明治四十年である。

東本へ帰ってからの弥吉は、上級南の上席の役員であったが、東本の順序に従い、末席に座ったのである。実に頭が低く、まさに道の者の手本であった。妻が会長で、夫が末席の役員であるという、最も通り難い道を、弥吉は黙々として終生変わることなく通った。

弥吉はのちに下谷《したや》区金杉に布教し、本杉《ほんすぎ》分教会の初代会長となった。

不思議なお産

明治二十八年九月二十九日、この日、中川弥吉・よし夫妻の第三子、二男の光之助が出生した。

以前は、「およしさん」といささかの軽蔑《けいべつ》を含んで呼んでいた人々も、そのすさまじいおたすけの実績に驚き、「たすけのおよし」とひそかに呼ぶようになっていた。当時既に「たすけのおよし」の名は周囲に高く、眠る間もない程、忙しい最中であった。

一つのおたすけにかかる。予定日はもういくばくもない。ここで子供を出産すると、おたすけができなくなる。よしは、

「神様、勝手なお願いで申し訳ございませんが、何とぞ、このおたすけがすみましてから、お産をさせて下さいませ」

と祈った。

ゆるがせにできない一つのおたすけがすむかすまないうちに、また次のおたすけが始まる。すると、またしても、

「神様、申し訳ございませんが、どうかこのおたすけがすみましてから、お産をさせて下さいませ」

無我夢中、真剣捨て身の布教道中を通っていたよしは、こうして三度四度五度、出産の延期を親神に願った。

従って、光之助はだんだん予定日から遅れて、ついに十一カ月か十二カ月、よしの胎内にいたといわれている。

出産の日、所は日下部源治郎の閑居、六畳に三畳の借家であるが、当時八歳の庫吉が母屋の源治郎宅に、

「お母ちゃんに赤ちゃんがうまれるよ」

と知らせた。

源治郎の妻ふさがあわてて飛んで来た。丹陽《たんよう》集談所の日下部しづも駆け込んで来た。たちまちのうちに何人かが手伝いに集まってくれた。

手伝いに来た人達は、まず湯を沸かそうとした。見回してみたが、沸かそうにも釜がなかった。穴のあいた小さな鍋がたった一つあったきりである。その底にくもの巣のようなものが張っている。

　アッと驚いて、人々は今さらながらガランとした家の中を見回した。一粒の米もなかった。味噌《みそ》もなかった。薪《まき》もなかった。そこには、ただ裸でないというだけの、よしと庫吉と春子だけがいた。庫吉と春子は片隅にひっそりと肩を寄せ合っていた。

　ふさもしずも、ふだんおたすけおたすけと夜も昼もなく走り回っているよしを見て、いったい、いつ御飯を炊くのだろうと不思議に思ってはいたが、まさかこのような状態によしがいるとは想像もつかなかった。そういえば、よしの家から煙が昇っているのを見たことがない。夕飯時になると、いつも二人の幼い兄妹が帰らぬ母を待ちわびて、手をつなぎながら黙然と入口に立っていたのを人々は思い起こした。いかに人だすけのためとはいえ、これほどの苦労をしているとは、ついぞ思っても見なかった。それはお産の手伝いに来た人々の想像を絶していた。

「知らなかった。すまない。すまない」

ふさもしづも、だれも彼もが泣きながら散っていった。それぞれが釜を、たらいを、ひしゃくを、米や味噌まで持ち寄った。そうして、オイオイと泣きながら光之助の初湯を使った。

しかし、よしは、

「これで教祖のおひながたが踏ませて頂ける」

といって喜んだ。

このお産では、不思議なことに、わずか昔の二銭銅貨（直径三センチくらい）の大きさぐらいしか汚れなかった。光之助は、あたかも初湯を使ったかのごとくきれいに生まれて来た。しかし後産はなぜか下りかかっていて、なかなか下りなかった。よしは、それが心配だった。

お産の三日目、十月一日にはかねてから盲目の老婆を連れて、おぢばへ帰る約束がしてあった。通常の人なら、お産があったので、と一応延期するなり、中止するなりしたであろうが、よしは違った。

老婆との約束ではあるが、それは親神との約束でもあった。十月一日に徒歩で二十五里の道をおぢば帰りするというのは、前々から決めていたことである。しかるに、九月二十九日にお産があった。神様は三日目にはよしが盲目の老婆の手をひいて、嬰児《えいじ》を片手に、おぢばに帰ることができるとおっしゃっているのだ、と、よしは思った。しづやふさは、そんな無茶なことと、しきりに止めるがよしは聞き入れなかった。

　出発の日になっても後産は下りなかった。よしは決心して、出かかった後産を再び引っこまないように、麻の緒で自分の太腿《ふともも》にしばりつけた。そして生まれたばかりの光之助を片手に抱き、左手に盲目の老婆の手を引いて出発した。すると戸口を出るか出ないうちに、後産はスルスルと下りた。

「ありがとうございます。もったいのうございます」

　神様は、こんな自分でも励まして下さっていると、よしは大いに勇んだ。しかしまだ何かしこりのようなものがある。まだ後産が少し残っているのではないかと、よしは、やはり心配だった。

　光之助は生まれたばかりで、背負うことができぬ。一方の手で老婆の手を引き、もう一方の手で赤子を抱えて、おぢばへ向かって歩いた。三十分ほどたつと、光之助を抱いた腕がしびれてくる。持ちかえ持ちかえて、よしは歩いた。

だが、このおぢば帰りは、どう考えても無理だった。二日目、いつもならとうにおぢばへ着いている時刻に、まだ八尾《やお》の町にいた。高安まであと一里《せ》もある。秋の陽《ひ》のつるべ落としに、既に日はとっぷり暮れた。気ばかり急くが、産後三日目のよしの身体は言うことをきかない。盲目の老婆も、こんなに長時間歩いたことが久しくなかった。疲労の極に達してあえぐ老婆を、よしは励まして来たが、よしも既に困憊《こんぱい》しきって足の裏まで腫《は》れていた。

二人はやむなく俥《くるま》に乗ろうと相談した。通りかかった人に頼んで人力車を手配してもらったが、あいにく一台しかなかった。そこで、

「おばあさん、お乗りなさい」

「およしさん、乗って下さい」

と押し問答をした。よしには盲目の老婆を置いて先に行くことなどできるわけがなかった。結局老婆が乗った。

「すみません、すみません」

と老婆は言った。そして俥屋に、

「俥屋さん、そろそろ行って下さいよ。あとからおよしさんが足が痛いのについて来なさるのだから」

と言った。俥屋は、

「なに大丈夫ですよ。早く高安へ着いて、お婆さんを教会に置いて、すぐまた引っ返して、あの方を乗せて来ます」

と商売気を出して、足を早めた。

よしは必死で後について走った。目はくらみ、息が切れ、全身にたとえようもない虚脱感が加わり、倒れそうになる。常人にない強靭《きょうじん》な精神力がよしにはあったが、身体全体が激しく乱れ、脈打つ心臓になったようだった。老婆が先に高安に着いても、だれも知っている人はなし、目の見えない老婆はどんなに心細いだろうと思い、よしは歯を食いしばって、人力車の後を追った。

俥が高安へ着くと、老婆は、

「俥屋さん、早く迎えに行ってあげて下さい。私ばっかり楽をして」

と泣いて、俥屋をせき立てた。すると、

「おばあさん、私着きましたよ。心配させてすみませんでしたね」

と、よしが現れた。

顔面は蒼白《そうはく》で、両手でしっかりと赤ん坊を抱いて、あえぎあえぎ言うよしの声を聞いた時、老婆は感極まって激しく泣いた。よしの真実を思い、老婆はいつまでも涙が止まらなかった。

その晩、よしは高安の役員西岡善蔵に、この度のお産のこと、また産後の腹のかたまりの話をくわしく話して、おさとしをうかがった。西岡は「ふうーん、あんたはなあ」と言ったまま、しばらく無言でいた。

「教祖は、心が澄み切って誠真実となったら、お産は半紙の上でもできる、と仰せられたが、私はあなたの話を聞いて初めて、それが本当であることを知りました。あなたは後産がまだ残っていると心配しておられるが、心配はいらんのや。それでいいのや。お腹《なか》にかたまりがあるというのはなあ、あなたがこの苦労の中、おたすけの忙しい中、また一人子供が生まれたら、おたすけが十分できんやろうと思うて案じているのや。案じることいらん。子供は神様が授けて下さったものや。神様が授けて下さったものは神様が連れて通って下さる。案じたらいかんで。それは案じのかたまりや」

西岡善蔵は中川よしというようふぼくの歩んでいる道すがらに、今さらのように感に堪えて言った。

その夜、高安のしまい風呂に入って、すっかり風呂掃除をした。寝床に入って、あおむいてお腹をさすってみた時には、既にそのかたまりは無くなっていた。よしはうれしくてうれしくて、早速神殿に飛んで行き、いつまでも頭を上げることができなかった。

遺影との対面

中川よしのおたすけは、実に徹底していた。それは真剣捨て身というほかはなかった。三日なら三日とお願いをかけた以上、いかなる極寒の中でも、どんな雪の中でも、四里もある道を峠を越して出掛けていった。着物の裾《すそ》を端折り、寒さの中、素足にわらじという姿だった。腰巻の裾はパリパリに凍っていた。よしの足首は、腰巻の裾の氷のために、すれて血がにじんでいた。

大阪府能勢町栗栖というところに、リューマチスを病む田渕辰治郎という人がいた。寝床の上で寝たり起きたり、冬はコタツに入って、着物をたくさん着込み、三年ぐらいも苦しんでいた。リューマチスの激しい痛みに、しばしば男泣きをしていた。

田渕辰治郎は、かねて、よしのおたすけぶりを見聞きしていたので、初めから疑うこともなく、よく話を聞いた。冬の季節だったので、赤熊から四里もあるところを通《かよ》ってもらうのをすまなく思い、自宅に泊まってもらって、おたすけを願った。

よしは、かなり長い間ここに滞在して、辰治郎ばかりでなく近所のおたすけをした。ところが、肝心の辰治郎が、案に相違してなかなか直らなかった。三日の願いをかけたが直らぬ。重ねて三日の願いをかけたが直らぬ。辰治郎は辛抱ができなくなった。殊に寒いある日、雪が盛んに降る中を、よしは勇んでおたすけに出掛けた。そのあと、しばらくして猛烈な痛みが起こって、辰治郎は、ついに癇癪《かんしゃく》を起こした。

「およしおよしというて、どこの馬の骨だか、犬の糞《くそ》だかわからん奴が、おたすけおたすけと言いながら、このおれを一つもたすけんで、ここの家をただ（無料）の宿屋と間違えて、飛び回っていやがる。今日帰って来やがったら、あのおよしめ、この枕でぶんなぐってやるぞ」

こらえてもこらえても、こらえきれぬ痛みに、身体を海老《えび》のように曲げて、うなりながら木枕を握りしめていた。ちょうどその時、よしが帰ってきて、戸外からこれを聞いた。

「この人に、このような思いをさせている。私の真実が至らないばっかりに――」

よしは直ちに池の氷を割って、水垢離《ごり》をとり、親神におわびをした。そして、

「田渕さん、すみませんですね。ほんとに申し訳ありませんです」

と言いながら、神棚の前にポンポンと拍手《かしわで》を打って、ややしばらく頭を下げていた。この時よしの小鬢《こびん》には、小さな氷柱《つらら》が下がっていた。

その姿を見て、先程の辰治郎の怒りは、たちまち消えた。髪につもる雪を家の中に入る時、払い落としてきたのだが、まだ雪の残る梳《す》き髪にキリッとしたよしの横顔を見た時、「すまない」という気持ちが、辰治郎に初めてわいた。人から悪口雑言を言われ、たすけてくれとも言わぬ者を、たすけてやりたいばかりに、食うものも食わず、着る物も着ないで、この雪の日に、こんなに苦労している。誠にすまないことであったと、しみじみ、よしに対して申し訳なく思った。

すると不思議に、その場から、すうっと痛みが消えた。よしは喜んで、

「私はこれからご本部にお礼に参ってきます。二日目の晩には、ご本部で神様にお礼を申し上げております。その時に、あなたの足が立ちます」

そう言って、直ちによしは出発した。出発に際して、辰治郎には、よしが拝んでいる神棚から後光が射しているように見えた。辰治郎は汽車賃とさいせんをことづけたが、やはり、よしは歩いた。そして、果たして二日目の晩、辰治郎の足が立った。

この辰治郎の末弟常吉は、後に東京に出て、本住《ほんじゅう》分教会初代会長となる。

赤熊から宍人《ししうど》へ行く途中に下埴生《しもはぶ》というところがある。ここに森朝之助という人がいた。その息子の丑之助《うしのすけ》が赤痢にかかった。

当時この地方一帯に赤痢が流行し、隔離病舎なども出来たらしいが、収容し切れず、丑之助は自宅に隔離された。この時の赤痢は猛威を振るって、もちろん病家と一般家庭とは交通遮断されたが、極度に病気を恐れた村人たちは、病人の家の田畑に至るまで近づかなかった。

明治二十八年の秋、中川よし二十七歳、森丑之助二十八歳の時である。この時、春子を背負ったよしのお腹《なか》には、臨月の光之助がいた。

よしと丑之助は同じ南大谷の小学校で学んだ顔見知りの間柄であった。よしは丑之助が赤痢にかかったことを知り、何とかおたすけさせてもらいたいと苦心した。その真実が見張りの巡査に認められ、よしに限ってこの家に出入りすることを許された。しかし公然と行けなかったことは、言うまでもない。

丑之助の家は、右側が小高い山になっていて、そこに樹木に包まれた郷社がある。よしは夕刻から出掛けて、大回りをして郷社の山に入り、山の斜面を降りて、家の裏から入った。

見ると、病人の丑之助は骨と皮になって呻《うな》っていた。よしが名前を呼んでも分からない。ただ、

「水、水」

とうわごとを言っている。次には「柿、柿」と柿を欲しがる。

よしは、枕頭に座り、一心不乱に神様にお願いした。

二日目の晩、よしが一心にお願いし、看病しているところへ、父親がやって来た。

「ヤッ、おのれ、人の留守の間に来やがって、俺の伜《せがれ》に何をしやがるんだ。よくも大事な伜を殺しに来やがった。もう承知しない」

と、えらい見幕で追いかけてきた。よしは命からがら戸外へ飛び出した。しかし、自分の看病が悪かったために、病人が一命を失うようなことがあっては、何とも申し訳がないと、再びその家の裏にとって返して、徹夜で祈りを続けた。

藪蚊《やぶか》が音を立てて襲ってくる。背に負った春子には、何とか自分の着物を折り返して、すっぽりと身体中を包み、藪蚊の攻撃を防いだが、自分の両足は容赦なく真っ赤に腫《は》れ上がってしまった。

病人の呻る度に、よしは戸外から一心不乱に祈った。黎明《れいめい》とともに、家の中に入って、父親にねんごろに、わびを入れた。

「昨夜、何時ごろと何時ごろに、息子さんが呻っておいででしたので、外で一生懸命お願いさせて頂きましたが、今朝のご容態はいかがですか」

と尋ねた。

丑之助の父が、よしの顔を見ると、あちこち蚊に食われて変形している。蚊一人の子を背に負い、今にも産まれそうな大きなお腹をしたよしの足は、自のためにパンパンに腫れている。今まで夜の目も寝ずに病人も苦しめば、自分も看病していたのに、昨夜は不思議に病人がよく寝て、つい自分も居眠りをしてしまったが、気がついてみると、容態が大分よい。親身も及ばぬ親切を聞かされて、

「すまなかった。あんたは神様のような人や。昨夜のことは許して下さい」

朝之助はわびながら、とうとう泣き出してしまった。

その後もよしは、毎日山を降りて、十日間以上も通って、ついに鮮やかなご守護を頂いた。この間、警戒の巡査がやってきて、裏口から、よしの話しているのを聞き、非常に感心して、

「天理教というものは、ずいぶん悪いように聞いていたが、こんなに結構な話なら、お前たち、よく話を聞いて、天理さんにたすけてもらいなさい」

と家人に告げたこともあった。

森丑之助は、体力の回復するのを待って、お礼のために、よしを訪ねた。しかし、もうその時は、よしは東京へ第一回の布教に出た後だった。爾来《じらい》、約三十年、父の朝之助から、

「お前は、赤熊のおよしさんの真実にたすけられたのだ」

と、度々聞かされたまま空《むな》しく過ぎた。

大正十二年、丑之助は神戸の巡査教習所に勤めていた。ある日、身体の具合を悪くして困っていると、兵庫県庁外事課の伊井という警部が訪ねてきていろいろ話をしてくれる。丑之助が、

「あなた、まるで天理教のような話をなさいますね」

と言うと、

「うん、わしは天理教だよ」

「そうですか。天理教というと、私は丹波で、およしさんという人に、すんでに無い命をたすけられたことがあります」

「なに！　丹波のおよしさん？　およしさんといえば、東本の初代会長様に違いない。君はまた、えらい人にたすけてもらったんだなア」

丑之助は、自分のたすけてもらったおよしさんが、東本の会長として、信者たちにとって生き神様のごとき存在になったことを知り、かねて一生の間に一度は会《お》うてお礼を述べたいと思っていたそのおよしさんは、既に前年の大正十一年に亡くなっていることを知って、今さら胸を打たれた。

森丑之助は伊井警部のはからいで、神戸の本陽《ほんよう》宣教所に参り、よしの写真の前にぬかずいた。

丹波のころ「乞食のおよし」とさげすまれ、その後「およしさん」「たすけのおよし」と呼ばれ、東京へ出て「天理さんのおかみさん」と言われていたよしは、やがて「先生」、「会長様」そして「会長公」とまで呼ばれるようになっていた。見違えるように太って、立派な装束を着た写真であったが、あのみすぼらしい着物を着ていた貧しいおよしさんと、目だけは違っていなかった。慈愛に充ちた目、その真実一筋の目が、

「丑之助さん、よく来てくれましたね」

と語りかけてくれているようで、丑之助は万感胸に迫り、泣いて泣いて、泣き尽くした。それを見ていた側《そば》の者も、ともに泣かずにはいられなかった。

故郷よ、さらば！

明治二十九年秋、約六カ月にわたる第一回東京布教から、中川弥吉とよしは丹波へ帰った。

帰ってみると、郷里に残していた二人の子供、庫吉と春子は哀れな姿になっていた。着物は東京に行く時着せたままで、ひどく汚れ、袖口は鼻をふいたためテカテカに光っていた。訳知らぬ苦労をさせている二人の子に、よしは涙ぐんだ。

今でこそ、小さな女の子はオカッパにするが、当時は、子供でも女である限り、ちゃんと髪を結わねばならなかった。数え年六歳の春子は、髪を結ってくれる人もなく、だれがやったのか、短いオカッパにされていた。余り短いので、頭に饅頭《まんじゅう》をのせたように見える。それで近所の子供たちは、

「やーい、お春の饅頭、とれとれ」

といって、寄ってたかって頭を叩《たた》いた。春子は毎日泣かされぬ日はなかった。余り毎日泣くので、目蓋《まぶた》が赤く腫《は》れあがってしまっていた。

よしの顔を見て、春子はものも言わず抱きつき、ただ、ひたすら泣いた。

「お母さん、もうどこへも行ってはいや！　家にいて髪を結ってください」

とせがんだ。

数え九歳の庫吉は、最初は信者のだれかが面倒を見ていたが、弥吉とよしの留守が余り長くなったので、ある家に預けてしまった。預けられた家の主人は酒が好きであった。夜は九時というと庫吉に酒を買いに行かせた。三銭のお金と二合ビンを持って（当時上等酒で一升十八銭）墓地を通り森を抜けて行く。安売りをするので評判の酒屋の主人が、庫吉が行くといつでも、天理教の小僧だからと意地悪をして量を減らす。すると、この酒は少ないではないか、キサマが途中でのんだのだろうと無理難題をいい、主人は庫吉を折《せっ》檻《かん》した。

ある夜、やはり酒の量がビンに一杯なかった。また今夜も叱《しか》られるかと思

うと、恐ろしくなった庫吉は、ビン一杯に水を足して帰った。ところがそれが分かって、

「キサマが飲んで、水を入れて来やがったな」

といいざま、うめき声が外へもれないように、庫吉に猿轡《さるぐつわ》をかませ、金火箸《かねひばし》で打ちすえた。

昼間は子守りをした。学校へは行かせてくれたが、朝行く前に、台所の片付けものや、おしめの洗濯をさせられた。そのため、毎日のように遅刻した。しまいには担任の先生も怒って、水を一杯入れたバケツを持たせて、一時間も立たせておいたりした。

ある時は、村の不良のした盗みを、庫吉のせいにした。この時ばかりは、自分のみじめな姿を、しみじみ見つめながら、「親が意気地がないばかりに、家に金がないばかりに……」と、しんから親が怨《うら》めしくなった。

「お父さんやお母さんは、いつ帰って来て下さるのだろう」

二人の兄妹は、暮れ行く空に両親の行方を求めつつ、幾度か、しょんぼりと佇《たたず》んで夕暮れの空を眺めた。庫吉がわれを忘れて涙を拭うと、春子もとも

に泣いた。二人はやかましい主人の目を恐れて声を立てずに泣いた。

しかし、よしのたすけ一条の心は変わらなかった。不憫《ふびん》な子供たちの姿を見ても変わらなかった。夫の弥吉は、既に南支教会にあって、西に東におたすけに走り回っていた。

ある晩、よしは夢を見た。

草深い田舎、東の山は白んで夜明けを示している。洗面をすませて、本部の方を拝して、ふと山裾《すそ》の道を見ると、一匹の牡牛《おうし》が右の鞍《くら》に米を一俵のせ、左の鞍には何も載せていない。妙なことに、左の鞍につけるべき米俵を頭に載せている。持ち手のない曳綱《ひきづな》を長くひきずっている。夫に頼もうと呼んでみたが、見当たらない。それでは私が、と思って、急いでその曳綱を持つと、その牛は猛然と奔《はし》り出した。疾風の勢いで、山となく谷となく、樹の間、岩の上も引きずられて行く。余りの恐ろしさに、よしは夢中で曳綱にしがみついていた。やがて高い山の頂上に着いた。不思議に怪我《けが》もない。懸命に握っていた綱を見ると、それは絵に画いてあるような竜の尾に変わっている。急いで手を離すと、竜は空高く雲の中へ消えてしまった。

よしは早速、おさとしを伺った。

左の鞍に荷をつけていないのは、夫の力を頼りにしてはならない理。夫の弥吉は上級のために、妻子を忘れて理の伏せ込みをやっている。その代わり、夫の持つべき荷は神様が持って下さる。牛が頭に米俵を載せているのは、その理。曳綱は天の助け綱である。いかな艱難《かんなん》辛苦も、道なき道も、神にすがって通れば、危な気はない、ということであった。

ところが、その翌晩またも夢を見た。……いつものように光之助を背負って、山道を歩いていた。だんだん行けば行くほど、道が細くなってくる。ついに崖の上に出た。ところが、その崖の端に立つと、足元の土が崩れ出して、よしは崖の下にすべり落ちてしまった。もうどこへ行こうにも道がない。すり鉢の底みたいだ。ふと一方の崖を見ると、細い細い二筋の蔦《つた》がぶら下がっている。いかにも細い蔦ではあるが、これにつかまって登るより方法がない。なむ天理王命と唱えてつかまると、左の一筋の蔦はたちまち切れてしまった。残る一筋を伝って、ようやく崖を登ると、山には珍しい大きな道がついていた。やれやれありがたいと、この道を下って行くと、見晴らしのよい山の端に来た。遙《はる》か向こうを見ると、たくさん家が並んでいる。そこへ行こうと歩き出すと、下から登って来たのが、弟の丑之助である。

「お姉さんは物好きだから話しますが、向こうに見えるのは日本一の都市ですよ。あの町にたくさん青物の積んである八百屋がありましたが、売る人がだれもいないので、大勢の買い手が困っています。早く行って、売ってあげたらよいでしょう」

丑之助はそれだけ言うと、行き過ぎてしまった。

なるほど行ってみると、にぎやかな町に大きな八百屋がある。表には買い手が大勢待っているが、売り手がないので困っている。よしは気の毒に思って、売り手をつとめると、売れる売れる、どんどん売れる。見る見るうちにお金の山が出来た。やれやれ忙しかった……。

ここで夢がさめた。不思議に続く夢に、よしは高安まで参拝し、おさとしを乞うた。

日本一の都会とは東京である。

青物は誠。

八百屋の売り子は布教人。

買い手は信者である。

これはまさしく正夢であった。ただし、その後のよしの血のにじむような実行なくしては、かなわざる夢であった。

その他の事情もあり、よしの再度の東京布教の心は決まった。よしはおぢばに参り、神前に、

「神様！私には力がございませんが、神様のお力をお借りして、及ばずながら、たすけ一条のために、死ににまいります」

と願った。

だがだれも賛成する者はなかった。父の謹七《きんしち》も、母うのも反対であった。夫弥吉は、

「今さら、女一人で東京に布教に出ても、とてもやり通すことはできまいと思う。子供もいることではあるし、思いとどまってはどうか」

という手紙をよこした。

しかし、よしの決意は固かった。

いよいよ出発の時、謹七は、

「乞食するにもわがところということがある。お前がそんな風体《ふうてい》で、生き馬の目を抜くという遠い東京へ出かけて行ったって、何のうまく行く道理があろう。十年も辛抱して、裏長屋住まいでも出来たらまだましや。今さら気が狂ったのでもあるまいに、子まで置いて行く鬼のような母親が、どこの世界にあるだろう」

と、横を向いて涙を隠した。

第一回東京布教の留守中、さんざん苦労し、辛《つら》い思いをさせた庫吉と春子には、よしが再び東京へ行くということを告げるには、とても忍びなかった。しかしこのことは、いつの間にかこの二人に分かって、よしの側《そば》を離れなかった。夜も、ろくに眠らなかった。

出発の日、死にもの狂いで母にすがりつく二人を、うのが無理に引き離した。

「お母さん！　行ってはいや！　行ってはいや！」

「お母さん！　お母さん！」

泣き狂う二人には手のつけようもない。ついに、うのは、この二人の子供の顔を自分の両の袂《たもと》で包んで、押えつけてしまった。

「もう後を追わないから、お母さんが見えなくなるまで、見せておくれよう」

霧の深い朝であった。二人は、ようやく顔を蔽《おお》った袂を払ってもらって、悲しさに泣きじゃくりながら、霧の中に消えて行く母を見送った。

「これほどまでに、神の道とはむごいものか」

そう思ったら、うのは慄《ふる》えが止まらなかった。

数え年三歳の光之助を背負い、後の東本大教会初代会長、当時「たすけのおよし」と呼ばれていた中川よしは、心を鬼にして、ひたすら歩いた。

「道のものは、こういう道も通らねばならないのだ」

よしも泣いていた。しかし、後を振り返ってはならぬ。決して振り返ってはならぬ。よしは自分に言い聞かせた。庫吉と春子の顔が、くっきりと浮かんでくる。

「お母さんも、しっかり踏ん張るから、お前たちも苦労に負けてはいけないよ」

そう目蓋に浮かぶ子供たちに言い聞かせながら、よしはおぢばへと道を急いだ。春子の泣き声は、いつまでもいつまでも、よしの耳にこびりついて離れなかった。

明治三十年十月の、ある朝のことである。

五円の餞別

よしの第二回東京布教は、二晩つづけて見た不思議な夢を、高安で諭されて始まったのであるが、賛成する人はだれもいなかった。

父明山謹七は、よしが普段お金を持っていないことを知りながら、よしの出発に際して、わざと一銭の餞別《せんべつ》もしなかった。汽車賃がなければ、東京へは行くにも行けぬ。まさか歩いては行かぬだろう。たとえ赤熊を出発しても途中から引き返して来るであろうという思いであった。母うのは、いくら止めてもゆるがぬよしの決意に、涙をこぼしながら、万一の場合に使いなさいといって自分が大切に持っていた金の中差しを与えた。

丹波でおたすけした人々からは、わずかずつながら餞別をもらった。そして嬉《うれ》しいことに丹陽の教会からは汽車賃を餞別に出してくれた。

明治三十年十月二十六日、おぢばの大祭に参拝したよしは「決死の覚悟でつとめさせて頂きます」と神前に誓って、東京へ旅立とうとした。だが、夫弥吉も、上級南でも、だれもが反対で許してもらえない。空《むな》しく日を送ること約一カ月であった。

そうして再びおぢばに参拝したよしは、そこで丹波の田淵弥三郎に会った。弥三郎は、

「やっ、およしさん。あんた東京へ行くといって、餞別まで貰《もろ》うて出たのに、まだうろうろしているのですか。あんたの東京はここやったんですか」

とひやかした。

「いいえねえ、田淵さん。こちらへ来てぐずぐずしているうちに汽車賃も、あなたに頂いた餞別も、すっかり使ってしまいましてね。いまだに東京へ行けない始末です。何とも申し訳ありません」

その時よしは、こう答えている。

田淵弥三郎は、ずっと後になって、

「あんなに偉い人になるとは知らずに、あの時はすまんことをいうてしもう

た」と述懐している。

よしが「これから東京へ布教に行く」といって、高安の門を入ったのは、寒い日の昼頃であった。梳《す》き髪に、うのから貰った金の中差しをさし、縞《しま》の着物をつけ、背中には、うこんの小布団で光之助を背負っていた。

高安では当時、十間に十五間、周囲に一間の雨縁、それに四間に一間半の玄関付きの、大神殿の建築の最中であった。ひのきしんの人達は、これからお茶でも飲もうと、焚火《たきび》にあたりながら湯を沸かしていた。

そそり立つ数多《あまた》の太い檜柱《ひのき》を見上げて立ちつくしていたよしは、このひのきしんの先生方に一杯のお茶をよばれた。極《ご》く薄い番茶であった。湯呑み茶《ゆのみぢゃ》碗《わん》からは、お茶のかすかな香りさえ定かには匂って来ない。しかしこのお茶は、格別に道の香りの高いものであった。

「なぜかといえば、当時の高安も、また光栄ある苦労の檜舞台にあったからである。毎日々々何もなくて、青菜ばかりを刻んで喰《た》べていたために、小便までが雪を青くとかしたという頃である」（髙橋兵輔《へいすけ》著「中川与志」）

この高安分教会の神殿普請は、明治二十九年六月六日に御本部のお許しを頂いている。当時三十数カ所しか部内教会のなかった高安にとっては、どれほどの難事業であったか、はかり知れない。人々は「もし出来ない時には人柱に立ってもやる」という決心で取り掛かった。初めは毎日二、三百人のひのきしんが出たが、日が経《た》つに従って、信者の勇み心が次第に薄らぎ、だんだん教会へ近寄らぬようになった。

当時は、日清戦争の後で世の中は不景気のドン底である。その上、明治二十九年四月六日に出された内務省秘密訓令によって、寄付金募集が取り締まられている。

「金は無いし、そうかといって、寄付金の募集は出来ないし、重なる役員の中には教会へ近寄れば金が要るからと云《い》ふので顔出ししないものもある」

（高安大教会史）

まさに松村吉太郎は四面楚歌《そか》のただ中にあった。

大神殿の普請は無理に無理を重ねて、ようやく棟上げをするまでにこぎつけた。屋根板を張るところまでは何とか行ったが、どうしても瓦がのらなかった。雨が降る度に、美しく仕上げられた柱が無残に黒ずんで来る。降る雨の中、傘もささずに一人の役員が、雨に打たれる林立した柱のそばで、天を仰いで泣いていると、通りかかった松村吉太郎も共に頬《ほお》をぬらした。

　中川よしが、高安に参拝したこの時は、ようやく瓦がのりはじめたという時であった。

「布教に出さしてもらいます」

「東京へ行きます」

　よしは、毎日こういいながら、約五日間、高安に名残りを惜しんだ。瓦や土を運んでひのきしんをさせて頂いた。

　十一月の二十日頃の寒い頃ではあったが、よしはびっしょりと汗をかいた。ある日、よしは隣室の話し声に驚かされた。

「およしさんと一緒に寝ると、汗臭くてたまりません。ねむれません」

　訴えているのは、昨夜よしと同室でやすんだ婦人の声である。襖《ふすま》の陰できいていたよしは、恥ずかしさに耳まで真っ赤になった。すると、松村吉太郎の母、さくの声が聞こえた。

「そんなことをいうものではありませんよ。およしさんはきれいな心の人です。今にお道の上に立派な働きをする人ですよ」

よしはさくの温かい言葉をきいて、胸がつまった。このご隠居様のご期待に応えるためにも、東京でしっかり苦労させてもらわなければならぬと思った。

かつて、高安へ初めて一人の信者を連れて参拝した時、みすぼらしい信者やよしの姿を見て、先生方にへだてられ、どうする術《すべ》もなく、仕方なくふとんもなしに廊下で寝ようとしたことがあった。それをさくが見つけて、

「さあさあ、こちらへ入っておやすみ。おしめはあるか」

と手をとるようにして部屋の中へ招じ入れ、あたたかいふとんの中で寝《やす》ませてくれた。あれから何回もそうしたことがあった。よしは、さくの度重なる温情にありがたくて胸がつぶれるような思いだった。ご隠居さまのこのご恩は一生忘れないと、よしは思った。

よしが約五日間高安にいる間に、いろいろな人がいろいろなことを聞かしてくれた。

「今までに高安から東京に布教した者も沢山《たくさん》いる。それがみんな費用だけ使って成功せずに帰ってしまっている。ましてお前は女の身でしかも子供連れである。再び行っても成功する気遣いはない。やめておけ」という人。「およっさん、あんた布教に行く行くといいながら、いつ行くねんや」という人。「およっさんの布教て、何やね」という人もあった。

五日目か六日目の朝、「これから、いよいよやらして頂きます」といって、よしは高安を出かけた。これから一体いつの日、再び高安に帰らせて頂くことが出来ようか。建築中の大神殿に、よしは無限の惜別をこめて見入った。

「会長様、ご隠居様、そして先生方、さようなら。どうかご健在に……」

東京に布教に行くといっても、よしには、だれ一人見送ってくれる人もいなかった。

門を出ようとした時、「ちょっと待て」と呼びとめられて、連れて行かれたのは、松村吉太郎の前であった。

「お前、ほんとに東京へ行くのか」

松村はいった。松村がよしに直接声をかけるのは、これが初めてであった。

「はい」と、よしは平伏した。

「これからやらせて頂きます」

「そうか、それでは少ないけど、これを餞別にやろう。しっかりやれよ。もし死んだら、骨はおれが拾ってやる」

といって、松村が与えたのが五円の餞別であった。

困苦の最中の高安である。この五円は仇《あだ》やおろそかなものではなかった。松村が「およしにやるから、五円出せ」と命ずると、会計の役員は渋い顔をしたのだ。中川よしが将来東本の初代会長になると分かっていれば、そして高安のため、ひいてはお道のために大いに働くと分かっていれば喜んで出したであろうが、当時のみすぼらしい身なりのよしに与える五円という大金は、困難な会計を預かる者にとって、どんなに惜しかったことであろう。

無一文に近いよしが、いよいよ、歩いてでも東京へ行こうと思って出かけるところへ、この五円の餞別と「骨はおれが拾ってやる」という言葉である。よしは、その場に泣き伏した。

「この五円はしかし、東本の初代会長にのみ与えられたのではなかった。その頃布教に出るものには、誰にでも、多少に拘《かかわ》らず餞別をすることにしておられたのが松村先生であった。

　これは松村先生が御自身、おっしゃったことである。

　五円‼　五円‼　五円‼　五円の金はどこにでもある。しかしこれ程までに生きた五円はどこにあったろう。与える者と、受ける者との間にこそ、その値打ちはあったのだ。

『最初の五円を思え。あの御恩を思うたら、上級の御用をさして貰《もら》えるだけさして貰って結構なのだ。いざという時は、この東本をそっくり叩《たた》き売ってでも、上級の御用に立たして貰わねばならぬ……』

　初代会長は、いつもこういって、上級の御用を勤められた」（髙橋兵輔著「中川与志」）

　頂いた五円の中から、幾分かを高安の神様に供え、よしは大阪梅田から汽車に乗った。汽車賃は三円五十六銭である。酒一升十三銭、石油一斗一円五銭、太鼓尺三寸枠付三円三十銭、チャンポンが十二銭の頃のことであるから、この梅田―東京新橋間（所要時間約十九時間五十分）の汽車賃は随分高いものであった。

以前東京へ行く時は、夫と一緒だった。しかし今、自分は光之助をつれて一人で東京に行く。親神様のよふぼくとして布教に行く。いざという時、帰る旅費のない、背水の陣をしいたよしには、今までの様々なことが思い出されてならぬ。……

やがてよしは、光之助に乳を与えながら、眠りについた。その時、素早く一人の男が通りすぎた。目をさましたよしが、何気なく髪に手をやってみると、母うのから貰った金の中差しがなくなっていた。よしは弁当の箸《はし》を折って、中差し代わりに髪にさした。

明治三十年十一月二十七日、この日、中川よしは第二回東京布教を目指して、新橋駅に降り立ったのである。

本所区外手《そとで》町四十番地

さて、第二回東京布教を目指して、勇んで新橋駅に降り立ったよしは、浅草区小島町の金指《かなさし》きくの家におもむいた。きくは第一回東京布教の時の協同布教人であり、よしがいつも「姉さん」と呼んでいた人である。しばらく布教の目鼻のつくまでは、きくの家に滞在させてもらえるだろうという希望を、よしはもっていた。広い東京で頼る所はここだけであった。

しかし、訪れてみると、きくの態度はすげなかった。四、五日は泊めてもらえたが、「年寄りが子持ちは嫌いだから」といわれて、追い出されてしまった。よしの失意と絶望感は容易に想像できる。時は十二月初旬、早くも東京では早朝に薄氷が張りはじめていた。

打ち砕かれた惨澹《さんたん》たる心で、よしは、赤子を背に二日二晩凍りつく東京の街を歩き通した。人通りの全く絶えた深夜、よしは「みかぐらうた」を低く唱えながら、今にも倒れかかる自らの心を励ました。

ひとのこゝろといふものハ　ちよとにわからんものなるぞ

ああ、教祖のお言葉のなんとありがたく尊いことであろう。教祖！　教祖！

こんなにも尊い教えがあるのに、いつも自分は声に出してうたい手振りにも振っていたのに、自分はうっかりしていた。他人からの世話を願う自分の甘い期待は間違っていたのだ。

人を頼ってはならない。物に頼ってはならない。布教者にとって、頼るべきものは、ただ神様だけなのだ。よしはここで心底から大きな教訓を得た。だが人情紙の如き東京では丹波のような田舎と違って、心安くとめてくれる家は一軒もなかった。

ようやく頼みこんで、荷物だけきくの家に置かせてもらったものの、よしは途方に暮れた。松村吉太郎の出してくれた五円の餞別《せんべつ》の中から、高安にお供えをし、高い汽車賃を払い、汽車の中で弁当を食べ、きくの家に手土産の一つも買って行ったことであろう。この時、よしの手許《てもと》に残っていたお金は、わずか十六銭であった。

よしは後日、東本から布教者を出す際に、厳しく言い聞かした。

「親戚だからというて、友人だからというて、以前自分が世話した人だからというて、決して当てにしてはならぬ。ましてよその教会などに顔出しすることは絶対にならぬ。あくまで神様を唯一《ただ》つの頼りにして行け。たとえ天の恵みは受けるとも、人の情けは受けてくれるな」

よって、この時のことが、いかに深い影響をよしに与えたかが推察できる。よしは後につづく者たちに、この時の自分と同じみじめな思いをさせたくなかったのである。

新橋に着いた時、広い賑《にぎ》やかな街並と、老若男女の雑踏を目にして、

「さあ、この東京で、日本一の都で、数限りなくいる人様の中で、私のようなものがおたすけをさせてもらえる。何とありがたいことだろう」

と喜び勇み立っていたよしは、たちまち大きな親神の試練の前に立ちすくんだ。しかし、それもほんのわずかの時間であった。

（そうだ、自分は神様のために、たすけ一条のために、東京へ死にに来たのだ。きくさんの所を出されたといっても、何も嘆くことはないのだ。喜んで勇んで、つとめきって死のう）

吾妻橋《あづまばし》を通りかかった時、橋のたもとで腹痛を起こして苦しんでいる乞食がいた。それを見て、人ごとならず思い、熱心におさづけを取り次いで、その時手許に残っていた十六銭の中から、十銭を与えた。そうして、乞食をやめて紙くず拾いからでも身を立てるようにいさめた。

どん底に落ちた今のよしには、ものの哀れ、もののありがたさを感ずること切なるものがあった。冬の寒さの中、道端に細々と青さを保っている雑草を、踏むにも踏めず、よけて通ったのは、この時である。小川から手に掬《すく》って飲む一杯の水も、にわかに口に持って行けなかったのも、この時である。

しかし、よしは勇んでいた。たすけ一条のために死ぬのだと……。

きくの家を追い立てられて三日目、本所《ほんじょ》区横網《よこあみ》町あたりを歩いていたよしは、佐津川《さつかわ》亀太郎の妻クラとパッタリ出会った。

佐津川家は、よしが第一回東京布教に来た時、にをいのかかった家であった。東本の草創期に特に大きな功績のあった亀太郎の入信の動機を語っている次のような文章がある。

「妻は明治廿九年ノ頃、天理様デ長男ノ固疾ナル脊髄病ガ癒《なお》ルト聞キ、助ケタキ一念ヨリ私《ひそ》カニ教理（此頃《この》ノ教理ハ極ク箇《ご》短ナモノナリシ由）ヲ聞キ居タル様子ニテ、尚《なお》又自宅ノ雇人某モ南分教会ニ信仰シ居タルコトアリ、時ニ御話ナドセルコトアリシ様ナレド、更ニ信頼スルノ意志ナク、且《かつ》又布教師モ一、二回自宅ニ見エシモ、風彩卑シク、到底信頼スル底《てい》ノ心モ湧カザリシガ、其《そ》ノ後布教師ハ布教ノ見込立タズシテ、一旦帰国セラレ、全ク消息モ絶ヘタリシガ、布教者ノ帰国後、長男ハ九才ノ秋（明治廿九年九月）早世シ、一家ノ愁嘆此上モナク、丸デ片腕ヲモガレシ心地ナリシガ、死体ヲ北枕ニ直サントセル時、背中ノ高ク固マリ居タル部分ガ病前ノ健康体ノ時ト同ジク平ラニナリ居レルニ、医師モ喫驚シタル程ニテ、此ノ姿ヲ見シ時、初メテ家内中ノモノガ（身上ハ神様ノ借物）ナルコトヲ話シ居タルヲ想起シ、人間ノ力ニテ金力ノ及ブ限リノ治療シツツモ、尚且脊中ハ曲ル程ニナリシモノガ、死ンデ平常ノ姿ニナルハ、是《こ》レ全ク借物ニ相違ナカルベシトノ確信ヲ得、茲《ここ》ニ初メテ天理ノ信仰ヲ求ムル心、油然《ゆうぜん》トシテ湧キ出《い》デタリ。

然《しか》レバ雇人某ノ熱心家ハ主人ヲシテ道ニ引入レルハ此時ナリトシ、東浅草布教所ノ前身ナル集談所へ参拝スル様、勧説之《こ》レ力《つと》メ、一方同集談所ヨリモ数度布教者自宅ヲ訪ヅレ勧誘スル所アリシガ、妻ガ最初天理サンノお内婦《かみ》サン即チ婦人布教者ニ御話ヲ聞キシコトトナレバ、例令婦人デモ結構、御話ヲ聞クナラバ其ノ布教人ガ再度上京スルコトモアレバ、其ノ折ノ事ニスベシト断言シテ、自ラノ自由信仰トシテ御宮ヲ求メ来リテ、床ノ間ニ祭壇ヲ設ケ之ヲ祀《まつ》リテ、朝夕礼拝スル事トナセリ。

カクテ明治三十年冬、再度以前ノ婦人布教人ハ上京、大体ヲ拝聴スル事トナリ、信仰心少々芽グミ出シタリ」（中山正善著「天理教伝道者に関する調査」――本保《ほんぽ》分教会）

文中、婦人布教者とあるのは中川よし、「長男」とあるのは佐津川家の長男、保治のことである。「医師」とは、当時佐津川家の主治医であった近藤某のことである。「家内中ノモノガ（身上ハ神様ノ借物）ナルコトヲ話シ居タルヲ」というのは、佐津川家の使用人（十人）の中に「東」や「南」の信者がいて、彼等が常日頃話していたのを亀太郎が耳にとめていたということであろう。

亀太郎は長男の出直し以来、約一カ月間というもの、食事も喉《のど》を通らぬ程の落胆ぶりであったが、この時、深く悟るところがあり、神田淡路町の増田屋から、お社を六十五銭で買い求め、中に「奉修天理大神守護」と書かれた紙（前もって中川弥吉から頂いていたもの）を祀り、一間の神棚をつくって、日夜拝んでいた。この本保の報告書を読むと、「風彩卑シク、到底信頼スル底ノ心モ湧カザリシ」布教師ではあったが、可愛《かわい》い長男の死と、そこに一つの不思議を見せられて後、「天理ノ信仰ヲ求ムル心、油然トシテ湧キ出デ」た。その婦人布教者、つまりよしは佐津川とその妻のクラの心に形容できぬ何かを残していた。他の布教所から誘いがあっても、クラは初めにお話を聞いた天理さんのおかみさんがもしまた上京されれば、その時にと断言している位いであるから、何かよほど強い印象を受けたのであろう。弥吉・よし夫妻の極めて真実なあたたかい誠の心に引かれ、クラは事実、苦難の中川家に対して、他人と思えないものを感じていた。

クラはその時、何故ともなく自宅の前の路上で立っていたのだ。よしは特に涙もろくなっていた。よしの目にみるみる涙があふれて来た。クラもよしに取りすがって涙をこぼした。

「天理さんのおかみさん、また東京へ出て来られたのですか」

「どうしてうちに真っ先に来て下さらないのです」

「どこに住まいしておられるのですか」

クラは尋ねたが、よしは自分が無宿であることを告げることはもちろん出来なかった。よしは佐津川家に招じ入れられ、祀られた神様に参拝した。そして佐津川家の長男の出直しと、その時の不思議を聞かしてもらった。

「あなたが東京へ帰ってくれれば信仰するが、さもなければ、どこへも信仰しない、とうちの主人もいいます。どうぞこれから、また神様のお話をしに来て下さい」

とクラは言った。

クラはいかにも不審気によしの髪のあたりを見ていた。そこには、母うのから貰《もら》った金の中差しのかわりに、弁当の箸《はし》を折ったものが差してあるのだ。

その夜もよしがどこに泊まったか記録がない。おそらくどこかの家の軒先に、赤子を背負って立ちながら眠ったのではないか。今まで一人としてにをいはかからず、懐中は既に無一文である。よしの食するものはもちろん、背中の光之助に与えるものも何一つなかった。

翌日は大畑へ行った。第一回東京布教の時、一番にをいのかかったのは大畑である。以前たすけた人の安否も知りたいし、新しいにをいがかかるかも知れぬ。しかしそこでも一向ににをいはかからなかった。以前の信者さんの家に入って行くことは遠慮があった。なぜならそれらの信者さんは、丹波へ帰る時、きくにきれいに渡して来たからである。

途方にくれ、よしはぼんやりと夕刻の道端に立っていた。冬のこととて、身を切る寒さがじわじわと肌を刺してくる。

すると後からポンと肩を叩《たた》く人がいた。

「天理さんのおかみさんじゃないかね」

見ると以前おたすけをした中沢秀治郎であった。そうして中沢の家に招じ入れられて、よしは中沢の母が丁度歯痛を起こしていたので、これにおさづけを取り次いだ。

こうして順次、もとの信者と交渉をもつようになったが、これらの人々がどうしても、きくの方につく気持ちがなく、放っておけば道から落ちるばかりであるという見極めがつくまで、決してどうしようという考えも持たず、彼らの好意も遠慮していた。

「然レドモ、予《かね》テ天理教ニ関シテハ、新聞紙上甚ダシキ悪評ヲ見知リ居タルタメ、コレ結局布教者ノ是非ニ由《よ》ルモノナルヲ思考シ心私カニ布教人ノ態度ヲ見ルコトトセリ」（同前）

　時は明治三十年の十二月のことであるから、秘密訓令の影響で、世の新聞はあげて天理教の悪口雑言を書いていた。佐津川亀太郎は爪掛《つまかけ》製造業を営み、自分一代で相当の財を築いていた。佐津川の心は、それらの新聞を読んで、いろいろと揺れ動いたに違いない。しかし、目の前に出入するよしは、服装はみすぼらしいが、実に立派な人格者のように見える。そこで佐津川はよしの態度が本物かどうか、ひそかにうかがっていた。このことはつまり、親神が佐津川をして、よしの人物試験をさせられたのであるといってもよい。よしのたすけ一条の精神が本物かどうか、神一条の精神に果たして筋金が入っているかどうか。従って東京に出て来たよしを待ちうけていたものは、肉体的苦労も相当なものだったがそれ以上に精神的な痛苦が大きかった。

十七日間食事をとらず、背中の光之助に与える乳は全く出なくなった。水を飲むと、その水がそのまま出て来たような薄い乳が辛うじて出た。よしも空腹と疲労感のために、しばしば目眩《めまい》が襲ったが、毎日背負いきりの光之助は、身体が衰弱し足が立たなくなって、時に背中から降ろしても打ち倒れてしまい、歩くことができなかった。

重い足をひきずりながら、ある街角にさしかかった時、水道の水をジャージャー流して水をくんでいる人に出会い、

「誠にすみませんが、その水を一杯、頂けませんか」

と頼んだが、その人は、よしのまずしい風体《ふうてい》を上から下まで眺め廻したあげく、吐き捨てるように、

「お前のような乞食みたいな奴にやる水はない。さっさとあっちに行け！」

と断られた。

その日、佐津川家を訪問した時、ちょうど食事の時間になってしまった。佐津川はよしに食事をすすめた。が、よしは、

「私はおなかが一杯ですから、結構です」

と辞退した。ここによしの真面目《しんめんぼく》がある。十七日間食事をとることが出来ず、空腹感や倦怠《けんたい》感や肉体的苦痛は通り越して、もはや夢の中で雲の上を歩いているような感覚であったが、そして目の前に食事の膳《ぜん》が出されて、普通の人なら、さぞかし食べたく思ったに違いないが、よしは違った。

その時、背中の光之助が、しきりに足をすり合わせた。光之助が足をすり合わせる時は、オシッコの出る時である。よしが急いで背中から降ろしてみると、案に相違して、光之助は手を叩いて、お膳の方へ這《は》って行くのだ。よしは慌てて光之助の足を引っ張ったが、佐津川は、

「おかみさん、あなたはおなかが一杯か知らんが、子供さんはおなかが空《す》いているらしい。食べさせてあげて下さい」

といった。

よしは、ここでようやく、十七日ぶりに食事をした。佐津川はよしがかなり長い間、食べていないことを見抜いていた。その痩《や》せようと窶《やつ》れようは尋常でなかった。ただ、よしの目だけがたとえようもなく美しく澄んでいた。

佐津川の妻クラは、

「おかみさん、おかわりをどうぞ」

と言ってすすめたが、よしは一杯の御飯をほとんど光之助に食べさせて、いくらすすめても、

「私はもうおなかが一杯ですから」

といって、おかわりをしなかった。佐津川はしみじみと、よしの内部のなにかが香って来るような凛々《りり》しい横顔を見た。

（なりはみすぼらしいが、この人の心はなんと気高いことだろう）

と佐津川は思った。

　その後も、佐津川家では、よしが来るとつとめて食事を出したが、よしが余り辞退するので、言葉も荒く「人の親切を無にするのですか」とまで言って、食事をとってもらったことさえあった。

ある日、佐津川は反物を三反とり出した。一つはかなり上等のもの、一つは中位の質のもの、もう一つは安物で、柄も最も地味な、よしよりもはるか年上のものが着る品物だった。

「おかみさん、あなた、神様のご用をするというのに、そのなりでは具合が悪い。今日は反物を用意しておいたから、どれでも好きなのをお取りなさい」

佐津川は言った。よしは丹波を出る時から、着物はたった一枚の着たきりであった。光之助のおしめの替えすら満足になくて、東京布教出発の直前、高安にいる時、ある教会の奥さんが数枚のおしめをよしに与えてくれたのだった。

さて、佐津川は三反の反物のうち、よしがどれを選ぶか大変興味を抱いていた。明治三十年暮れのことであるから、よしはまだ数え二十九歳である。三反の中にはなかなかよしに似合いそうなのもある。果たしてどれを選ぶのか。佐津川はよしの人物試験をしているつもりだった。しかし、よしは極力辞退した。

「私は今着ている着物で充分でございます。このようなことはどうぞなさらないで下さい」

が、佐津川は繰り返し強力に言う。断りきれずに、

「それでは、これを頂きます」

よしが手に取ったものは、最も安価な、最も地味な、五十歳に近い人が着る品物であった。佐津川は心の中で唸《うな》った。

（この人は本物だ！　本当の布教者だ！）

佐津川はよしの人物に感服した。

（この人は新聞紙上で悪口を述べられているような天理教の布教者ではない、普通の人なら、どれでも差し上げるといって三反並べられたら、良いものか、もしくは自分に合った柄を選ぶはずである。それなのに、この人は一見して判断のつく、一番の安物を押し戴《いただ》いた。この人なら間違いはない！　無欲の人だ！）

佐津川には不思議にも嬉《うれ》しさのようなものが湧いて来た。

この時の着物を、よしは特別に大切にして、いつまでも着ていた。破れた

所を裏打ちして、ツギをあて、しまいにはいちめん裏打ちされていない所は全くないようになった。後年娘の春子が丹波から東京に来て、ある日この着物を見て、「お母さん、このお召し物は、もう痛んで着られませんから、取り替えさせて頂きましょう」というと、よしは、

「その着物は、特に大切なものなのだよ。だから私は着られるだけ着るつもりです。お前がそういうのなら、この着物はどこへもあげてはいけない。お前が着なさい」

と答えた。もってよしの恩を感ずる心をうかがうことができる。

　そうしてようやくよしに、中沢秀治郎の家の一間が与えられる。野宿のつらさ、切なさに縁が切れたと思うと間もなく、その部屋を出なければならなくなる。再び宿なし生活が始まるのだ。

　この頃である。よしは吾妻橋から光之助を背負ったまま、隅田川に危うく身を投げようとしたことがある。吾妻橋といえば、腹痛を起こしていた乞食におさづけを取り次ぎ、十六銭しかなかった所持金の中から半分以上の十銭を与えた場所である。そして、将来の身の立て方について、こんこんと諭し

た場所である。いかなる苦しみがよしに死を決意させたのか。

橋の上から飛び込もうとした時、背中の光之助が、西に沈む夕陽を指差して、

「ノノチャン、ノノチャン」

と二度いった。

よしはハッとした。無心な子供の声をきいてわれに返った。

（ああ、私は何ということをしようとしたのだろう。私は東京へたすけ一条のために死にに来たのではなかったか。高安の会長様は「死んだら骨は俺が拾いに行ってやる」とおっしゃった。こんな死に方をしては、会長様に申し訳が立たない。神様に申し訳ない）

すべては一瞬の出来事である。人々にも、よしの所作が変に思われたのであろう。

「危ない！　やめろ！」

という鋭い声と共に、太い男の腕でよしの身体は抱えこまれた。

（神様に申し訳ない）

「申し訳ございません。申し訳ございません」
この時、黒山のごとき人だかりの中で、よしは親神に対して、泣いて泣いて泣き崩れているのだ。
「然ル処、該布教人ハ聞ケバ頼ル所モナシ（同様ノ集談所ヲ頼リ上京セルモ、其処モ面倒ヲ見ル程ノ資力ナク、且又、感情上面白カラヌ点モアリシ由ニテ、宿泊モナラズ）トノコトナレバ、予《かね》テ該集談所ノ内情モ聞キ及ビ居タル事トテ、茲ニ於テ、俄《にわ》カニ惻隠《そくいん》ノ情起リ、幼ナ男児ヲ背ニシタル婦人布教者ヲ、取敢《とりあえ》ズ自宅ニ御泊メスルコトトシ、自宅ヨリ自由ニ布教ニ出《い》デラルル様、申シ進メタリ。斯クシテ、布教人ノ日々ノ行動ヲ見ルニ、恬淡《てんたん》ニシテ、只々御助ケヲ之レ生命トスルノ心情、歴然タリ。早朝外出シテ、夜晩《おそ》ク帰宅シ、ソレヨリ熱心ニ、主人ニ教話ナリ一日ノ出来事ヲ話ス。其ノ熱烈ナル殉教的精神ニ感動シ、到底男子モ及バヌ覚悟ト行ヒヲセラル此ノ婦人コソ、真ノ布教人ナリト、深ク心ニ信頼ノ念ヲ固ム」（同前）
よしが、佐津川家に宿泊できるようになったのは、明治三十一年一月十五、六日頃からのことではなかろうか。

その頃のことである。金指きくは、おぢばの春の大祭に参拝するために、東京を出発した。この時、佐津川家で職人として勤めていて、佐津川をきくの方につけようと、しきりに骨を折っていた小沢という人も一緒に出発した。

この日は大雪の日であった。前夜大畑のどこかで極寒の夜を野宿したよしは、全く視界のきかぬすさまじい吹雪の中、この二人を新橋まで見送るべく、大畑から歩いて来た。激しく吹きすさぶ雪に、前に歩くことができなくなり、よしは仕方なく佐津川家に立ち寄った。見ると、よしばかりか、背中の光之助までが真っ白に雪をかぶって、体温でとけた雪水は肌まで透っていた。光之助は利発そうな目をあけて、泣きもせずじっと我慢をしていた。だが、凍えつく寒さのため、歯の根が合わず、小さな歯を小刻みにカチカチ鳴らしているのだ。はげしい吹雪のために、よしのさしていた傘は何の役にも立たなかったのである。

この若い婦人布教者と我慢強いおさな子の姿を見た時、佐津川は無条件に打たれた。真に打たれた。きくは理由はどうであれ、他に寄る辺のないよしを凍る冬の東京の街へ追い出した人である。そのこと自体は親神の与え給《たも》うた試練であり、愛の鞭《むち》であったが、そうして、よしはこれによってまた大きな成人の道を歩むことができたのだが、しかし、そのことによって思いもかけぬ苦労を味わったのである。

きくと小沢を見送るために、このひどい吹雪の中を、この人は遠い大畑から歩いて来たのか。佐津川にとって、よしは無論だが背に負われた光之助が、泣きもせず、むずかりもせず、寒さに耐えてふるえている姿に、胸のキリッと痛むようないじらしさを覚えた。

(母親も立派だ。だが、この子供の何たるけなげさよ！)

佐津川はこの濡《ぬ》れそぼった母と子の姿にいい知れぬ感銘を受けた。

「到底男子モ及バヌ覚悟ト行ヒヲセラル此ノ婦人コソ」と佐津川が敬服し嘆じたのは、この時であった。

佐津川は、よしに向かって、

「もうあんたの気持ちはわかった。新橋まで行く必要はない。あとであの二人に、私がこの有様を話してあげる。心配しないで、身体をやすめなさい」

といって、なおも新橋まで行くというよしを引き止めた。

そして佐津川の妻クラの着物に着かえてもらい、佐津川家では、さっそく二反の反物を取り寄せて、よしのために縫った。

この時、引き止められたよしは、新橋駅まで行かなかった。しかし、よしのこと、その翌日には新橋まで行って、汽車もなくだれもいないプラットホームに向かって、深々と頭を下げ、見送りの意を表した。駅員がよしのこの動作を、けげんな目付をして見ていた。

よしが佐津川家に宿泊するようになったのは、この時からである。

よしはその以前から、信仰は奥さんだけではならぬ、一家中をあげてしてもらわねばならぬという信念から、夜遅くなると佐津川家に行って、「もうどこへもおたすけに行けないから」といって爪掛の先をとじる手伝いをしながら、少しずつこの道の話をしていた。

（この佐津川さんに、しっかりとこの道のために働いてもらわねばならぬ）という思いからだった。

半月程前、つまり明治三十一年の正月、大畑の中沢秀治郎は名刺をもって、佐津川亀太郎のところへ年始に行った。これがこの二人が知り合ったきっかけである。中沢は、よしから「佐津川さんによく面倒を見てもらう」ことを聞いて、自分の家の恩人が世話になっている佐津川に挨拶《あいさつ》をして、何とか力になってもらおうと思ったのである。

中沢は大畑方面におけるよしの、他人に真似《まね》のできぬ行動を話した。佐津川はますます感服した。

(何とかさしてもらわねばならん)

佐津川の決心は固まった。そして、自宅によしを泊めて、一層注意深く観察するにおよんで、「此ノ婦人コソ、真ノ布教人ナリト、深ク心ニ信頼ノ念ヲ固」めたのだった。

明治三十一年二月のある日、佐津川は、

「おかみさん、人だすけのために東京に来ているのに、家もないようではいけない。これはわずかですが、家を借りる時の足《た》しにしてください」

と、よしにいって、五円を渡した。

よしはこの金五円也を押し戴《いただ》いた。高安の松村吉太郎から東京布教の餞別として戴いたのも五円であった。あのときに劣らぬ感謝と感激があった。

中沢もよぎない事情で、よしが自分の家を去ってからは、いつもすまない気持ちで一杯であった。天理さんのおかみさんの家を何とかしなくては、といつも心配していた。その他の人々も、何とかしなくては、との思いで、大分心配する人々が出てきた。

よしはにをいがけ、おたすけに真剣に踏ん張った。働くだけ働いた。しかし、よしは自分の住居をどうしようという心は一切もたなかった。親神が見るに見かねて働きはじめられるのである。

信者たちが見つけた家は、本所割下水《わりげすい》のオシメトンネル（路地の中で家から対面の家に物干竿《ものほしざお》やヒモをかけ、それにオシメなどの洗濯物を干したところから、この名がある。あたかもオシメのトンネルをくぐるごとき感があった）の、どんづまりの家であった。家賃も安いということで借りることにして、佐津川家にホウキやハタキを借りに行って、佐津川亀太郎にも見てくれるように頼んだ。佐津川も、家を借りる時の足しにといって五円出してあるので、出かけて来た。

見ると路地は狭く、やっと人一人が通れるくらいである。頭の上にはその名のごとく、オシメが盛大に干してある。そうしてここは少し雨が降ると、水に漬かってしまう。ジャブジャブはだしで歩かねばならぬ。

「これではお参りする人が困る」

と佐津川がいうので、改めて探すことになった。

そして、見つけられた家が、奇《く》しくも第一回東京布教の時に、よしが夫弥吉と住んでいた長屋、つまり外手《そとで》町四十一番地の真向かいの、四十番地の一戸建ての家なのであった。それは、非常に粗末な六畳と四畳半の家であった。

もちろん、よしは当時の熱心な信者たちが、天理さんのおかみさんのために、家を一軒借りようと相談し話をまとめた時、唯々諾々として受けたわけではなかった。よしはこう言った。

「今までから、私は皆様にお世話になってばかりおります。もうこれ以上お世話をお願いするわけにはまいりません。お気持ちだけありがたく頂戴《ちょうだい》いたします」

信者たちは、

「あなたはそれでもよろしいでしょうが、そういうような家もなく、定まった宿もなく、夜も昼もブラブラお歩きになっているようなことが、この上続けば第一世間の信用がつきません。あなたの信用が薄ければ、つまり神様にも信用が薄くなるのが道理ではありませんか」

と口々に言った。

「誠に申し訳ございません。どうか、それには及びません」

と、よしは例の謙遜した物腰でことわったのだ。しかし、よしに病気をたすけられ、あるいは、よしの布教人としての実践に心打たれていた人々は、なおも強く家を借りることをすすめた。そうして、ついに四十番地の一軒家を借りることになったのである。

家主は四十一番地の長屋の時と同じく村越金次郎であった。家賃は二円二十五銭なのだが、家主は中川よしという人物には貸そうとはしなかった。なぜなら一昨年、中川弥吉・よし夫妻に貸していたことがあるけれども、今度よりも安い長屋の家賃すらカツカツのようで、時々支払いが遅れたし、しかも半年足らずで帰ってしまった。しかも、今度はおかみさん一人で家を借りようというのだ。どうやら定まった収入もないようではあるし、夫が一緒に住んでいて、ようやく家賃が払えるか払えないかの状態であるのに、おかみさんが一人で家賃がまかなえるはずがない。家賃をためたあげく、黙って帰ってしまうかもしれぬということも、家主としては心配したであろう。

村越金次郎は佐津川の一種風格ある風采と態度に目をつけた。見識のある旦那然とした佐津川に借りてもらったら間違いはない。そこで家主は、

「借りるなら、あなたの名前で借りてほしい」

と佐津川家へ三日も足を運んだ。

家主に三回も訪問されて、佐津川もだいぶ考えた。家主は、よしには絶対貸さぬという。理由は聞かなくても佐津川には分かっている。種々考えたあげく、よしの夫中川弥吉の名前で借りることにし、佐津川亀太郎はその保証人になった。明治三十一年二月十七日のことである。

さて、いよいよ外手町四十番地の家を借りるに当たって、佐津川はよしに向かって言った。

「おかみさん、あんたも女の身で、丹波の山奥から、わざわざ東京へ出て来

るについては、定めて多少の用意はして来たでしょう。今、家を借りるについて、皆さんも心配して算段しているのですから、用意して来たものがあれば出しなさい。今出さなければ出す時はないですよ」

よしには無論そんな用意などなかった。信者といってもまだ日浅く、道の布教師とはどういうものか理解していなかった佐津川には、常識的な考えしかない。よしが死にもの狂いの背水の陣を敷いているとは、思えなかったのも無理はないのだ。

佐津川は、よしが待望の家を借りるについて「それではこれを使って下さい」といって多少の金は出すものと思っていたのに、さっぱりその様子もない。佐津川にしてみれば、前もって家を借りる足しにといって、五円渡してあるから、せめてこの五円ぐらいは出るものと思っていたのである。だが、よしは、

「申し訳ありません、申し訳ありません」

と額を畳にすりつけて謝るばかりで、びた一文も出さぬ。佐津川に一つの疑問がわいた。

（この女、案外食わせ者かも分からん。新聞に出ている天理教の悪口も、まんざら嘘《うそ》ではないかもしれぬ。俺も東京で一戸を構える一家の主人である。丹波から出て来た田舎者の女布教師に、一杯食わされたという羽目になって、他人の物笑いの種になるようなことがあっては、世間に顔向けができぬ）

そう思った佐津川は、がぜん強硬な態度に出た。

「おかみさん、あんたがそんなことといっても、だれも信用するものはありませんよ。ないとはいわせない。出しなさい」

「申し訳ありません。本当に一銭もございません」

「そんな馬鹿なことがありますか。この間あげた五円もあるはずだ。ないというからには、あの五円はどこへやりましたか。そんなことで、この佐津川がだませると思いますか。出しなさい」

「申し訳ありません。本当に何もないのでございます」

平蜘蛛《ひらぐも》のように平伏しながら、よしは佐津川が憤慨するのももっともだと思った。家を借りる時の足しにといって貰った五円のうち、金四円を丹波の丹陽宣教所に送ってしまった。日下部寅治郎に汽車賃として出してもらった餞別を返すつもりで、お供えとして送ったのだ。残りの金はおたすけ先の困っている人々に少しずつ与えてしまった。

弁解の余地はなかった。また、よしの生涯は、いっさい弁解のない一生だった。弁解すれば、理由を説明すれば、あるいは免れたかもしれぬ苦難も、よしはあえてそれを受けた。親神が見ていて下さる、存命の教祖がご存じなのだ、それがよしの信条なのだった。

佐津川が怒るのも無理はなかった。よしの、そうした信条は一般の常識を超えていた。

「もう、いくら何でも我慢できない。今まで世話になっておきながら、よくも白々しい態度がとれたものだ。それじゃ、あんたの財布を見せなさい」

よしは言われるまま、財布を見せた。

たとえあの五円は使ったところで、二円や三円は残っているであろうと思った佐津川が開けて見ると、驚くなかれ、たった一枚の一厘銭が出て来ただけであった。その一厘銭を見て、佐津川は自分が馬鹿にされたように感じ、激しい怒りがこみ上げて来た。

（この女、さては、どこかに隠したに違いない）

そう思った佐津川は、よしの手荷物を見せよと迫った。よしは、さすがにこの時は躊躇《ちゅうちょ》した。他人に見せるには、あまりにみすぼらしい内容である。

それだけは見ないでほしいと懇願したが、それは却《かえ》って佐津川の疑惑を深めた。

荷物はついに佐津川の前にひろげられた。小さな風呂敷の中から出てきたものは、オシメの替えとボロ着物が子供のものと共に二枚きりなかった。いくら見ても、これ以外には何もなかった。

佐津川は真っ赤になって怒った。よしを怒鳴りつけた。すさまじい勢いで怒り狂う佐津川の前で、光之助を背負ったよしは、一言も弁解せず、畳の上に突っ伏して、ただ、

「申し訳ございません、申し訳ございません」

と泣くように繰り返すばかりであった。

やがて、佐津川の激しい腹立ちの中からも、おのずと見えてきたのは、凡人の想像もおよばぬ、よしの神々しい境地であった。自分とわが子の命を捨

ててかかった不屈の布教精神だった。万一の場合、郷里へ帰ろうという用意の全く無い、文字通り背水の陣をしいた、よしの捨て身の覚悟であった。

佐津川の燃え立つ怒りの炎は、いつしか消えた。目の前にひれ伏しているよしが、何か崇高なもののように、佐津川の目に映った。そのよしの髪には、上京の途中、汽車の中ですられた金の中差しの代わりに、割箸を折ったものが差してあるのだ。なぜか佐津川の目に涙が滲《にじ》んだ。

「おかみさん、すまなかった。ひどいことを言って、許して下さい」

と佐津川は言った。

「明治三十弐年二月五日（この日付は誤りか）、進ンデ布教人ノ居所、即チ集談所借受ケノ一切負担ヲナシ、爾来一切ノ反対攻撃ヲ排シ、ドウセ自分ノ努力ヨリ積ミ上ゲシ私財ナレバ、此ノ人ノタメ、此ノ道ノタメニ蕩尽《とうじん》スルモ憚《はばか》ラズトノ決心ヲ定メ、先《ま》ヅ家族及ビ使用人全部、公然信仰スルコト、シ、天理さんのおかみさんナル通称ヲ廃シテ、自ラ天理さんの先生ト称シ、教ヲ受ケル事トナセリ」（同前）

さて、東京市本所区外手町四十番地とはどこであるか。現在では番地が変わり、東京都墨田区本所一丁目十三番十七号である。いうまでもなく現在の東本大教会所在地である。東本は他に安い地所を求めることなく、隣地を買い取り、またその隣を買い、あるいは信者になった人がお供えしてといった具合に、次々に拡張して今日まで来た。

高橋兵輔著「中川与志」に、次のような記述がある。

「初代会長（注、中川よし、以下同じ）も、この時の印象は、悲しいにつけ嬉しいにつけ、忘れられないものであった。

初代会長は、この時以来、終生一個のお守《まも》りを持たれた。そのお守りは、昔よくあった蛤《はまぐり》型の直径二寸ぐらいのものである。生地は垢《あか》すりをもって作られたものか。ゴロフクレン、すなわち呉羅《ごろう》という品である。あまりパッとしない鼠《ねずみ》色で、生地はすり切れて、白い裏地が見えている。中に何が入っていたかというと、それは一枚の丈夫な障子紙のきれはしの四寸巾ばかりのものと、その中に包んだ穴あきの文久銭《ぶんきゅう》、すなわち、昔一厘銭に用いられたものが、たった一枚である。

その紙片に一文あり。毛筆をもって、

『横あみ町、佐津川かめ太郎氏のじん力により、外手町四十番地に新宅を設けるさい、さいふの中に、残りおりし一厘、記念のためにしるしおく』

とあった。

草鞋《わらじ》を家宝にするものもある。しかし初代会長は、この一厘銭を生涯の心の守りとして、人に語らず、見せず、一生を通り抜かれた」

二銭の炭と一銭の米

大畑に住んでいた清水とくは、なかなか恩の分からない人であった。従って信仰の歩みも遅かった。

この人は、よしの第一回東京布教の時に、にをいをかけられたのであった。その夫は紺屋の職人だった。とくは子供の頃、天然痘を病み、それから目が見えなくなり、耳が遠くなっていた。

その頃、よしは大畑方面で、いくつもの奇跡のようなおたすけをしていたので、物はためしだというくらいの気持ちで、とくはよしに向かって、

「てんりよさんのおかみさん、この耳と目がなおるかね」

ときいた。よしは、

「なおるかもしれません」

と答えた。

　よしはおたすけに当たって、先方から「なおるか」と念を押された時は「なおる」とも「たすかる」とも断言しなかったようである。かと思うと、自分の方から自発的に「たすかる」と断言している例も数多くある。無論、自分の力でたすけるなどということはできるものではない。親神様、教祖のご慈悲を頂いてたすけさせて頂くのだという思いが、よしの胸にあったのは当然だが、「たすかる」と断言する場合は、多分その人の心が、親神様、教祖の思召《おぼしめし》に添っていることを確かめた上でのことであろう。

「なおるかもしれない」

と聞いて、清水とくは、

「では、なおらないかもしれない」

と思った。

　とくにしてみれば、子供の時の天然痘で悪くなった目と耳がなおるとは、とても思えなかった。よしは一心に親神に祈った。半月ぐらいのうちに、だんだんとご守護が見えてきたのである。

よしは布教の始めのこととて、とくには、こちらから頼むようにしておにをいがけをし、おたすけをした。だから、とくの方にしてみれば、なおせるものなら、なおさせてやるというような気持ちだった。よしは間もなく丹波へ帰り、再び上京する。

「御陰を蒙《こうむ》り半月たつかたたぬ間に私風情にも不思議なる御守護を頂くところとなり、もののあやめも分らなかった眼がハッキリ致し、常に遠鳴りの潮騒をうすぼんやりと聞くやうであった聴覚もすっかり確かになったのでございます」(明山丑之助著「夢の生涯」——清水とくの追憶より)

とくは後に道一筋になって、東本に入り込みのまま八十何歳かで出直すのであるが、この人の夫は殊に天理教が嫌いであった。毎月二銭の講金を納めるのも反対するようになる。とくも恩に感ずるところが少し薄い性格であるから、このような大きなご守護を頂いていながら、夫にかくれてまで信仰する気持ちはなかった。

「とうとう或《ある》日《ひ》、厚釜しくも教会にお断りの挨拶《あいさつ》に参ったので厶《ござ》ります。すると会長様(注、中川よし)は講金取止めの理由の薄弱であることを指摘され、事細かに尊い理のお話をなして下され、断ると云《い》ふことはお間違ひでは御座いませんか。さう云ふあやふやな信仰では、この先《さ》き身上もどうなるか分らぬから、この際とつくり考へ直し、しっかり精神をお定めなさい。と、腸《はらわた》に滲《し》みわたるやうな凛《りん》としたお声で申されました。悲しいことに元来眼も見えず耳も聞こえなくなる程の強情我慢の私でござりましたから、斯《こ》う高飛車にピシャリとやられますと、遂《つい》、われにもあらず臍《へそ》が曲り、心中相済まない思ひにかられながらも、不満の色をアリアリ面にあらはし、挨拶もそこそこに席を立ったのでござります。するとどうでせう。帰路、俄《にわか》にゾクゾクと身体に悪感が走り頭が重くなり、顳顬《こめかみ》がピリピリと痛み初め、やっとの思ひにわが家の敷居を跨《また》いだのでござります。その夜から高熱を発し、胸苦しく頭はガンガン割れ鐘を叩《たた》くやうで、身も世もなく転展して苦悩致したのでムりました。今にして思へば、これ位の神様のお叱《しか》りに会ふのは誠に当然のことでござりました。意外の容態に驚いた夫は、あはてふためき、医者よ薬よと大騒ぎを演じましたが、さっぱり効験《しるし》がみえずまったく困却して了《しま》ったさうでござります。苦痛のため当時のことは私自身すこしも覚えてをりませぬが、後できくところによればさう云ふことがあってから三日三晩と云ふものは、隣り近所の人達の安眠を遮る程の大声を発して呻吟《しんぎん》を続けてゐたと云ふことで厶《ござ》ります」（同前）

五人の医師が見離し、六人目の医者によって清水とくは敗血症と診断された。とくは既に死んでいるも同然だった。医者は死亡診断書を取りに来るように、といって帰った。とくの夫は酒呑《の》みで職人肌の乱暴者であった。葬式と初七日を一緒にしようと考えていた。手伝いの一人は役場へ届けに、もう一人は業平《なりひら》町へ棺桶《かんおけ》を買いに走ったのである。

とくの夫はずいぶん性急だったようである。すぐに、大雪の降る中、二人の男に使いを頼んで、本所外手町のよしの所へ、

「うちのおっかアが死んだから、あとだれも信仰しないから、もう来てくれなくてもよい」

とことづけさした。

よしは飛んで行った。

とくの胸に手を当ててみると、まだ温みが残っていた。

「ここに神様がまだ宿っていらっしゃる」

よしはそう言って、とくの夫に対して、どうでも信仰に進むという心が決まるまで、説き尽くした。夫の精神が定まったのを見届けて、

「お願いさせて頂きますから、あなたも手伝って下さい」

よしは着物をぬいで、戸外の井戸端に座った。

その日は極寒二月、朝から大雪が降り、しかも夕刻から北風が吹きつのり、降り積もった雪のまだ消えやらぬうちに、またしても激しい吹雪になった。背負ってきた光之助を中沢の家に寝かしておいて、よしは水行をとった。とくの夫は、つるべに水を汲《く》んで、よしに浴びせる。つるべが凍って手がすべる。その手の痛いことは、話にならない。

その頃の大畑は、さながら荒涼たる田畑ばかりで、井戸といっても四方開け放しの野ざらしである。水行をとってはおさづけを取り次ぎ、水行を取ってはおさづけを取り次ぎ（一回の水行でかける水は大体二十杯ないし三十杯である）、よしは、

「なむ天理王命様！　御教祖《ごきょうそ》おやさま！」

リンとしたきれいな声で唱えながら、刺すような冷水を身に浴びた。

とくの夫は、三回目の水行までは水を汲んだが、それ以後は、余りの寒さと、よしのおたすけぶりのものすごさに、家の中にかけ込み、行火《あんか》にもぐって、歯の根も合わず、ガチガチふるえていた。

よしが身体をぬぐった手拭いは、直ちに凍りつき、棒鱈《ぼうだら》のようになった。水を浴びる度に、皮膚はピリッピリッと小さな音を立てて、ひび割れてくる。

かくすること五回目、清水とくは、

「アラ、先生ですか！」

と叫んだ。息が返ったのである。

よしは、とくが息を吹き返したので、町田家のすすめにより風呂を貰《もら》った。よしの全身の肌は、ひびのため、至る所に血が滲《にじ》み、ざらざらになっていて、まるでわさびおろしの如き感を呈していた。

ところが清水とくは、息を吹き返したとはいうものの、まだ引く息だけで非常な苦しみの中にあった。よしは風呂からあがって、六回目の水行をとって願った。それで、とくは初めて呼吸が整ってたすかった。

現在の本畑《ほんはた》分教会の町田家は、当時小名木《おなぎ》川の泥を使って種々のお面を造る商売をしていたのだが、明治三十一年に、子供の登吉（後に養子に行って井上となり、現在、本久根《ほんくね》分教会前会長）が三歳の時、疫痢を病み、これをたすけられて入信したのである。

とくの敗血症がたすかった時、よしは、

「おとくさん、今度このご守護を頂いて、神様のお礼参りをしないうちは、自分のお茶碗《ちゃわん》一つ洗っても承知しないよ」

と断乎《だんこ》として言った。神様に対する人間の持つべき心構えを、この簡単な言葉をもって教えたのである。とくは少し身体の自由がきくようになっても、その言葉を忘れず、茶碗は洗わずに寄せておいた。そして九日目に二本の杖《つえ》にすがって、外手町の集談所に参拝した。途中まで来ると、一方の杖はいらなくなった。

よしは涙を流して喜んだ。

「おとくさん、よう来てくれましたね。よもや今日来て下さるとは思わなんだ」

そう言って、よしは、とくのことを大事にいたわった。

その日はまた雪になった。病後の弱り切っている身体ではあるし、貸す傘もないので、よしは、とくを外手町の集談所に泊めた。

自分が火にあたって暖をとるということはなかったが、よしは参拝に来た人には、木片や宮島家からもってくる刳《く》り物の落としなどを取っておいて焚《た》いた。

冷たい寒い夜、よしは病み上がりのとくのために、佐津川家からもらってきていた爪掛の屑《くず》を、粗末な火鉢の中で燃やした。

「おとくさん、寒いから、さあ、おあたり」

よしはやさしく言ったが、大変な煙が出て、ついたと思ったらすぐ消えてしまう。とくに寒い思いをさせてはならないと、よしは、しばらくの間骨を折ったが、さすがに諦《あきら》めた。

「今、消えない火をあげますからね」

よしは二銭をもって、今でいうと、厩橋《うまやばし》のたもとにあった川野屋という炭屋に計り売りの炭を買いに行った。

以前にも何回か、よしは二銭ずつの粉炭を買いに行ったことがあったが、この時は、よしのみすぼらしい身なりを見てのことか夜分面倒に思ったのか、川野屋では冷たく断られてしまった。

よしは、やむをえず、傘もないまま、寒風に雪の霏々《ひひ》と舞う中を、光之助を背負い、厩橋を渡って、浅草の阿部川町まで二銭の炭を買いに行った。わずか二銭の炭を売ってくれたことが、よしには、どれだけうれしかったか知れない。

「おとくさんが、寒さにふるえているだろう」

炭を包んでもらった紙包みをかかえて、よしは走るようにして帰った。そしてその炭の火を、清水とくに与えたのである。

この時のことを、その後よしは、

「二銭で炭を売ってもらった時は、後になって、堅炭を一俵供えて頂いた時よりうれしかった」

と述懐している。

後に東本が結構になってからも、元の阿部川町の辺りを電車で通る時、またその近くを歩く時、よしは、必ずこの炭屋の方向に向かって手を合わせて、その繁栄を祈った。川野屋には後に、本大《ほんだい》分教会初代会長福田栄治郎がおたすけに行ったことがあり、はしなくもこの経緯が判明したのである。

商人ならば、わずか一銭だろうが二銭だろうが、お客が来れば商品を売ることは、あるいは当然のことかもしれぬ。しかし二銭の炭を売ってもらった恩を、よしは生涯忘れなかった。たすけ一条のよしのことであるから、自分のためにではなく、一人の病み上がりの信者に暖をとってもらうために、たった二銭で炭を売ってくれたことが、こよなくありがたかったのであろう。

今、本種《ほんたね》分教会の神殿の壁に「東本初代会長中川よし先生のお言葉」が模造紙に書いて貼ってある。それには、

「人の中の人になりなされや。人の中の人になるにはなあ、人から恩を受けたら、一生忘れるやないで。一生かかって返すのやで。人の為になる事をしたと思ったら、すぐ忘れるのやで。人から恩を受けたら、一生忘れず、人の為になる事をしたと思ったら、すぐ忘れることができたら、人の中の人にな

れるのやで、これ忘れなさんな」

とある。

翌朝、山田まさ（のち高橋まさ、本殿《ほんでん》分教会初代会長）が集談所に参拝に来た。よしは、いかにも言いにくそうに、

「山田さん、すみませんがねえ、ゆうべおとくさんに泊まってもらったんだけど、おかゆをたくお米がありません。あなた誠にご苦労ですが、これでちょっと買ってきてくれませんか」

と言って差し出したのが、本当にちょっとの一銭玉一枚であった。山田は驚いた。

「自分も貧乏の経験はあるけれど、一銭で米を買ったことはない！」

山田まさは、てのひらに乗せた一銭玉をしみじみ眺めながら、米屋の前を何回も通り過ごした。一銭で米を売ってくれ、と言いにくかったのである。が、そのうち、山田の総身は、冷水を浴びたように、ゾーッとしてきた。

たった一銭の金で米を買って、自分たち親子は食べなくとも、清水とくだけには食べさせてやりたいという、よしの真実の尊さに打たれたのである。

山田は必死の知恵を絞った。

「ごめん！　おまじないにするのだから、米を一銭売って下さい」

そう言って、ついにひと握りの米を買った。山田まさは鬼の首を取ったような勢いで、集談所に帰ってきた。

よしの、道の子を思う情のいかに深かったかということは、この二銭の炭と一銭の米の物語だけでも、十分感じ取れる。

布教所設置

松村吉太郎は、よしが小さいながら集談所をもったという話をきいた。二カ月あまりの間によくそこまでやったと思うと同時に、大変盛んな布教をしているというので、上京の折には一度訪ねてやらねばならんと考えて、住所を控えておいた。

明治三十一年三月、松村は天理教一派独立運動のために、神道本局の用務をおびて上京し、その用件が済んだある日、外手町の集談所を訪《おとな》った。

松村を見るなり、よしは驚きと感激で涙があふれた。考えてもみよ、よしが丹波で布教している時、松村はよしにとって最上級の教会長であり、言葉をかけて頂くことすらおぼつかなかったのだ。よしが松村から直接声をかけてもらったのは、東京布教に出発の時、五円の餞別《せんべつ》と「しっかりやれ。もし死んだら、骨はおれが拾ってやる」という言葉だけであった。その会長様が、このようなみすぼらしい集談所に来て下さったのだ。

「もったいない。こんな所へお出まし頂いて」

集談所には松村にすすめる座ぶとんもない。

「中川、ようやっていてくれるね。これで結構や。道は不自由している時が花や。教祖はご苦労の中を、〈貧乏うれしや、世に捨てられて……〉と勇んでお通りになった。しっかりやってくれ」

よしは松村の話す一言一言に涙がこぼれた。松村は本教の独立に命をかけている時でもあり、その言葉には言い知れぬ気迫が滲《にじ》み出ているのだ。

よしは急いで佐津川に松村の来訪を知らせた。佐津川はすしと座ぶとんを持って駈《か》けつけた。

よしと佐津川を前にして、松村の話は尽きなかった。その説く教理はめんめんとして、果てる所がなかった。松村は言った。

「佐津川さん。中川がこうして貧乏暮らしをしているのも、ただただ教祖のひながたを慕っての尊い道すがらです。この道は世界だめの教えとして、実の神・元の神なる天理王命様が初めてこの世に現れられ、世界たすけをして下さる道です。世間の反対攻撃ぐらいにはビクともしないのです。私も長い間、反対攻撃の中を闘って通って来た。今も闘っています。人類の親がつけて下さる道です。大きく伸びるのが当然です。私は今、三十二歳、この神様と取っ組み合いのつもりでやっています。新聞が何と書こうと、人が何と言おうと、人間が、この道を潰せるものですか。万一にも天理教が潰れるような場合には、私が真っ先に殉ずる決心をしています。ですから佐津川さん、中川を女一人とあなどる者があったら、よく言うて聞かして下さい。どうか中川の力になってやって下さい」

佐津川は松村によって、天理教をもう一つ大きく知ることができた。話ははずみ、気がついた時には、午前二時であった。松村は集談所で一泊した。夜着とコタツは近くの信者から借りて来てくれたが、夜着が小さくて、廻りを座ぶとんで押えてもらっても寒くて閉口したと、松村は述懐している。よしはその夜、近くの信者の家で泊まりますと松村に挨拶(あいさつ)したが、実際は夜具もない隣の部屋で、ありがたさと喜びで感激の夜明かしをした。

「偉い奴だ」

と松村は思った。

実は、よしとその子光之助には夜具がなかったのである。この時から約三年後に、東本は初めての本格的な普請に取りかかるのであるが、この普請にかかる前、役員が集まって徹夜の相談をしたことがある。この時になって、役員たちはよしが過去足かけ四年の布教道中、夜具というものを一枚ももたなかったことを発見するのだ。その頃よしは厳しい寒中でも、子の光之助を抱きしめ、ボロの袷《あわせ》一枚を掛けて寝ていた。この普請の相談があった翌日、よしは初めて一組の粗末なふとんを授かるのである。

七月十九日、神道本局管長稲葉正邦の葬儀のために松村は上京した。松村の命令で、本教からもなるべく多数参列するようにとのことで、よしは佐津川、中沢、飯田、宮島親子、安岡を引き連れて参加した。

帰途、一同は麻布芋洗坂《いもあらいざか》の松村の宿に立ち寄った。松村は皆に平素道の上に働いてくれるお礼を述べてから、じゅんじゅんとこの道の話を取り次いだ。松村は当時、道の上に張りつめた真剣そのものの、いわば生命を張った生活をしていた。従って松村の説く教理には感激があり、気迫があった。松村の目は輝き、いんねん一条の話の時には、佐津川は感動のあまり、声をあげて泣いた。

翌月十六日、松村は再び外手町の集談所を訪ねた。集まった佐津川、飯田、宮島、小池に向かって松村は、

「ほう、これで四本柱が揃《そろ》ったなあ」

と言った。そして折角ここまで布教の実があがっているのだから、ただ漠然と布教しているのではいけない。看板というのを持ってもらわねばならぬ。また皆さんもそれぞれ役を持って働いてもらいたいと諭した。そうして速やかに布教所設置の相談がまとまり、九月二十六日に佐津川、中沢はおぢばへ出願のために旅立った。

明治三十一年十月一日、高安分教会南支教会東本布教所として、お許しを頂くのである。教会設置の順位は千七百九十八番であった。「東本」という名前はこの時初めてつけられたのであるが、東京市本所区の頭文字を取ったものである。最初は「高東《こうとう》」（高安の高と東京の東）という予定であったが、

なぜ東本になったかの経緯は明瞭でない。

十一月十六日の布教所開きには、四十八個の弁当が出、南側に九尺のトタンの掛け出しをした。

よしは、おたすけ先に必ず一日に一回は出向いた。この布教所設置の頃は随分信者も多く、遠方の家もあった。遅い時は、午前一時、二時になることも珍しくない。そんな場合も、外から信者の家の戸を叩《たた》いて、

「大変遅くて、おねむいところ申し訳ありません。ちょっとご様子はいかがかと思って、おたずねいたしました。皆様お変わりありませんか」

と声をかけるのである。こればかりは、いかに遅くとも、だれも怒った者はいなかったとのことである。そして信者から、

「この夜の夜中まで、ほんとに親切に心配して下さってすみません。うちは今日もお陰様で無事ですよ」

と言われると、

「それは結構でございました。また明日お伺いいたします。お疲れのところをお邪魔してすみませんでした。おやすみなさいませ」

と帰るのであった。

この頃、東本に賽銭《さいせん》泥棒が入るようになった。六畳の間の北側のガラス戸を開けると、すぐ賽銭箱がある。よしの留守の間に、いつも十銭とない賽銭が盗まれていくのである。はじめはだれも気づかなかったが、やがてよしも信者たちも気がついた。よしはこの泥棒が哀れであった。

（十銭にも満たぬ金を持って行くようでは、定めし難儀をしているのであろう。せめて五十銭でも持たしてやりたい）

と思った。

「あの泥棒をつかまえてやろう」という二、三の信者たちを、よしは、

「決してつかまえてはいけません」

と制した。そして、二、三の人から借り集めて五十銭の金をつくった。泥棒への思いやりは温かかった。だがその心は救ってやらねばならぬ。よしは五十銭を紙に包んで賽銭箱（三方）の上に置いた。その包み紙には、

「前生、私がお前さんから借りてあったものを、今返しているのか。今世、お前さんが、神様に借りをこしらえているのか。今に分かります」

と書いておいた。

この五十銭が三方の上から消えると、それ以来泥棒は現れなくなった。四、五年の後、この泥棒は東本にあやまりに来たのである。東本の近くの荒井町に住んでいたのだが、その後、何をやっても失敗つづきで、その度に、よしが書いていた包み紙の教訓をひしひしと胸に感じた。鞭《むち》打たれるような良心の呵責《かしゃく》についに堪えられず、やって来たのであった。そして東本の帳場（拝殿事務所）に、

「よく、会長様にお詫《わ》びをして下さい」

と涙ながらにさんげして帰って行った。

金剛心

集談所が出来て二カ月目、明治三十一年四月のある晩であった。眠っていたよしは奇妙な夢を見た。

漆黒の闇が突然、ポーッと明るくなる。神様のお社から大きな火の玉が飛び出したのである。その火の玉は音もなく宙を飛んで、寝ている周囲を回って、よしの胸の上に来た。「アッ！」と、よしが驚くと、火の玉はまたコロコロと転がって、スーッとお社の中へ入ってしまった。

この夢とも幻ともつかぬものを、よしは三晩つづけて見た。

「これは一体、何事だろう？　何を神様は知らせて下さっているのだろう？」

と思案している時に、郷里においてきた数え年八歳の娘春子の重態を知らせる手紙が届いた。

「お母さんは、三年たったら帰ってきて、お前の側《そば》にいて、髪を結ってあげるからね。おとなしく待っているんですよ」

赤熊を出発する時、狂気のようにすがりつく庫吉と春子に、よしは涙とともにそう言いつつ、なだめたのだった。庫吉のことも春子のことも、一日として忘れたことはなかった。半年程前のことが、まるで昨日のことのように思い出される。

この手紙は実父の明山謹七から来たのであるが、尋常一様では帰ってこまいと思った謹七は手紙の末尾に、

くればヨシこねばすむまい中川の
にごりし水は何時の世に澄む

何かあるたびにはがゆい思いをさせるよしを思って、このような歌まで書き添えてあった。

よしは、二人の子供を両親に預けて郷里を出たのであったが、母うのにも時冬という幼児《おさなご》があり、手が回りかねた。そこで両親が須知《しゅうち》に転居した時、

春子を赤熊の隣村、若森の小りんという他人に預けたのである。預かり料は一日米一升であった。しかしこの小りんの家は、ある事情から非常に生活が苦しく、春子に毎日、薄いおかゆと漬物ばかりを食わせていた。

恋しい母はいない、父もいない、祖父母もまた自分を捨ててしまったと考えたであろう春子は、その小さな胸を、さみしさと悲しさでどれだけ痛めたことであろう。言い知れぬ心のうずきを覚えて、幼い心はうつうつとして喜べなかった。その結果、ついに胃を痛めた。病気になった春子は祖父母のもとへ返されたのだった。

「ハルコキトク、シキウキコクセヨ」

この電報は手紙を追いかけるようにして来た。

よしの心は千々に乱れた。

（あの夢から悟ると、もはや春子の命はないのだ。考えてみると、今までがんぜない子供に辛《つら》い思いばかりさせて、世の常の母親らしいことは何一つしてやらなかった。定めし恨んでいるだろう。ひと目でも息のあるうちに会ってやりたい。そして一言でも、やさしい言葉をかけて死なしてやりたい。しかし私には今、十四軒の信者がある。郷里を出る時、三年間はどんなことがあっても帰りませんと、神様にお約束をした。今私が帰れば、もう東京へは来られぬ。そうすれば、この十四軒の信者を、信仰の路頭に迷わせなければならぬ。また現在、身上をお願い中の人もいる。やはり私情におぼれてはならぬ）

よしは人として親として、でき難い決心をした。涙があとからあとから流れた。

（春子、許しておくれ。お母さんはやはり帰れない。お前にはすまないが、神様のご用は捨てるに捨てられない。春子、ごめんよ、春子！）

その朝、清水とくが参拝すると、よしは涙をふきふき墨をすっていた。

「おとくさん、あんたね、すみませんが、急いで書かなきゃならん手紙があるから、ちょっと光之助を外へ連れていって遊ばしていてください」

よしは涙の顔で光之助を渡した。

とくと光之助が表に出ると、よしは筆を持った。よしの決心を伝えて両親に許しを乞う手紙は、三回も書き直すほど涙で汚れた。その文面は次の如くである。

御手紙の趣拝承仕り候。誠に父上様に対して不孝の上にも不孝を重ねる段何共申開きの言葉も御座無存罷有候。まつた此の度、春子儀の重態に疾く帰国せよとの仰言もっとも至極に候。然れども御教祖様の御履歴を御伺ひ申せば隣家の子息を助くる為めに御自身並に御子様達三名の命迄も捧げられ候。これにつけても御教祖様の御足跡を通らせて頂く私は一人の子供の為めに、一旦神様にお契ひ申せし決心を翻す事は出来申さず候。万一命数尽きて出直し候節は教会の方々に御たのみして御埋葬下され度、誠に〳〵勝手不人情なる事のみ申上げ相済まざる儀に候へ共、これも前生よりの因縁、これは人助けの為めと御堪納下され度伏して御願申上候。

四月二十日

よし子

父上様

間もなくとくは、よしに呼ばれた。

「おとくさん、すみませんが、この手紙を入れてきてください」

とよしは言った。清水とくが手紙を出しに行っている間に、よしは神様に三日の願いをかけたのである。

この手紙が須知の両親のもとに届いた。両親はこれを読みながら、娘であるよしの無情さに憤慨していた。

「ほっぽらかしにしておいて、死に際にも会えないだと！　何という薄情な親か！」

謹七は春子のあわれさを思い、よしに対する怒りがこみ上げてきて、涙をこぼした。うのも泣いた。

その時、奇跡が起こった。春子がシクシク泣き出したのである。

「どうした？」と聞くと、「おなかがすいた」と言う。

春子はもう長らくの間、おかゆも重湯も喉《のど》を通らなかった。それに、「御飯が食べたい」と言うのである。

「それ、おかゆをつくれ」

とあわてて支度にかかったが、早く食べたいと春子が言うので、とりあえず冷や御飯に湯を通して与えたところ、たちまち二杯を食べてしまって、そのまま間もなく全快した。

　ふだん母親として構ってやれなかった娘の生命が、もう絶望だという時に、理に立ち切るということは容易ならざる金剛心である。しかしこの道すがらは、よしの教え子たちにどれほど理に立ち切る原動力を与えたか、はかり知れない。

　例えば、本愛大教会初代会長安藤正吉は入信間もなく、初席を運ぶためにおぢば団参に加わったが、出発当日の朝、重患の二男は出直すのである。しかし当時三十三歳の安藤正吉は、

「神様に一旦お誓いしたことは、たとえどのようなことが起こっても実行しなければならぬ」

と思って、周囲の反対を押し切り、葬式は家人にまかせ、東本の団体でおぢばに発《た》つのである。

また三年後、別科第八期に入学して三カ月が過ぎた時、妻危篤すぐかえれ、との電報を受けるが、彼は、（一人前の布教師として、将来どんなおたすけにも進ませて頂くためには、一度や二度三度のお仕込みは当然のこと）と考え、これは神様のおためしである、よい節をお与え下さったと悟り、家に帰らずかんろだいの前にぬかずき誓うのである。

「どうせ私が帰っても、おたすけ頂けない妻の身上なら、私の身にお知らせ頂きたい。お知らせがなければ、心定め通り、一切神様にもたれて、将来たすけ一条に生涯を捧《ささ》げます。商売は早速整理しておたすけに出ます」

翌日「帰るに及ばず」という電報を受け取る。その時、安藤正吉は神の実在を確信するのだ。

彼は、「二度三度の節に会っても、迷わずあわてず、理一筋をしっかり見つめて来ることの出来たのは、全く会長様（注、中川よし）のお導きのたまものでありました」と述べている。

さて、その頃のよしの信者の主なるものは、佐津川亀太郎、古川虎吉、中沢秀治郎、宮島保定、飯田是《ただし》、町田房次郎、里見七五郎、小池藤太郎、清水とく、である。これらの人達は、よしの、このような金剛心と計り知れぬ誠に抱かれて育った。

山口富次郎（本志《ほんし》分教会初代会長）は、明治三十二年一月肺患での入信であるが、

「……当時、東本会長様ニハ御苦労中ノ事ニテ、家内ガ子供ヲ連レ参拝致シタル折、恰《あたか》モ寒中ニテ燃《た》クベキ炭薪モナク、紙クズヲ燃キテ、コレニテ私等妻子ノ手ヲ暖メサセテ下サレタリ。会長様ノ斯《か》ク斗《ばか》リノ御苦労ノ程モ察セズ〈神様デアルカラ紙ヲオ燃キニナルノデアロー〉ナドト考へ、尚之《なおこれ》ハ神様ノ護魔《ごま》タキナリト思ヒ、其《そ》ノ暖メタル手ヲ其ノママ握リ帰リ、私ノ身上全部ヲ撫《な》デサスリタリ。実ニコッケイノ至リナレドモ、其時ノ真心ハ忝《かたじけ》ナシ……（原文ノママ）」（「天理教伝道者に関する調査」――本志支教会）

当時の集談所の模様は、かくの如きであった。

このように純朴な人たちを、よしは海のように広大無辺の真心で抱えて通ったのである。

ある晩、富次郎の妻かねが参拝してみると、集談所の中は真っ暗で人の気

配が感じられない。

「おや、天理さんは、今日はおやすみだよ」

とそのまま帰ってしまった。

電気のまだ一般化していない当時のこととて、あかりは油を用いていたのであるが、そのともす油がなかったのだ。よしは中に座っていたのだが、かねに声をかけることができなかった。声をかければ、かねになぜあかりをつけないのですかときかれて、油がないのだということを話さねばならぬ。よしの信仰として、神様のお燈明の油すらないということは、絶対に言えなかった。しばらくして、よしはそしらぬ顔をして山口家におたすけに行った。

ある晩、佐津川亀太郎の弟、安岡角蔵（保高《ほだか》分教会初代会長）が参拝に来た。やはり真っ暗である。しかし安岡は帰らずに暗闇の集談所にあがって神様に拝をした。終わると暗闇の中からよしの声がした。

「ご苦労さまでございます」

そして、互いの顔も見えないまま二言三言話した。

その頃、安岡はおてふりの練習に熱中していた。これでは稽古《けいこ》もできぬ。

安岡は集談所に油がないのだと悟った。

東本のおあかりがつき始めたのは、安岡角蔵と宮島保定（本光《ほんこう》分教会初代会長）が持ち寄ったのが始まりであった。

よしは、神様のご用の上には、人にいっさい頭を下げなかった。

「どんな不自由の中も、私が頭を下げたのでは、神様の尊厳を傷つける」

というのが、よしの精神であり金剛の信念であった。信者たちが気のつくまで、よしは沈黙を守っていた。

後になって、当時のよしの苦労が判明すると、信者たちが、申し訳なく思って、

「会長様がそんなにご苦労なさっていることを、なぜ私共は気がつかなかったのでしょう。まことに申し訳のないことでございました」

と詫《わ》びると、よしは、こともなげに、

「いいんだよ。神様が私にその苦労をさせなさったんだよ」

と言った。

布教方針の大転換

明治三十四年三月、東本が出張所になった翌年、最初の普請が始まる少し前のことである。よしは、古川虎吉、中沢秀治郎、宮島保定、森下末吉、三《み》戸《と》部《べ》邸次郎外一名の六人の別席者をつれて、おぢば帰りをした。古川、中沢、宮島は満席で、あとは初席である。

三戸部邸次郎（本瑞《ほんみず》分教会初代会長）はこの時から道一筋になったのである。三戸部は長野市栗田の生まれで、当時下谷区車坂に住居を構え、憲兵司令部の主計下士官だったが、かつて長野に住んでいた頃、父親が胃病のため、近くの天理教布教師から話を聞き始めた時、猛烈に反対して、その信仰を思い止《とど》まらせたことがあった。後年「私が親不孝をして、父の死期を早めたのだ。私が父を殺したも同様だ」と三戸部は述懐している。

彼の生まれたばかりの長男の両眼が白くなって飛び出すという珍しい病気にかかった。医者にかかり、いろいろ手をつくしたが治らぬ。ところがしばらくして、右の眼が当たり前の位置にもどり、更に一週間して左の眼が元の通りに引っ込んだ。困難といわれていた病気がにわかに癒《なお》ったので不思議に思い、妻のちよに聞いてみると、妻の母親の勧めで、外手町の天理教に行ってたすけてもらったと語るのである。よしが「夫婦の中の子供さんである。夫様にも信仰してもらわなくてはならぬ」という言伝《ことづて》をしていることも、その時初めて分かった。目は元の位置に戻ったけれども、まだ黒眼が白いままであった。それから三戸部は、子供可愛《かわい》さから何回も教会に来た。が、まだ中に入ってお話をきいたりするだけの気持ちになれなかった。

よしは熱心に運んだ。日曜日とか勤務から帰る頃を見計らって訪ねて行き、じゅんじゅんと話を取り次いだ。さしも頑固で父親の信仰さえ止めた三戸部も、やがて話を聞くようになる。

「……東本初代会長の熱心なる赤誠に感動し、遂《つい》に教理を聞かんとする念起りてより、自己の因縁且《か》つは今迄《まで》の道程を追想し、斯《か》くあるべきは必然の理法、所謂《いわゆる》授種皆生の結果、目前に現出せし事と自覚して将来の心を定め入信せり、時に明治三十三年十月」(「天理教伝道者に関する調査」——本瑞支教会)―

三戸部は、

「この子の目を見れば、一生暗闇のいんねんに違いない。もうどうなっても結構、自分等一家を挙げて、一生神様のご用に立たせて頂こう」

と決心した。かくて、長男の白くなっていた眼がご守護頂くのである。後に三戸部は東本の隣番地、外手町四十一番地に転宅して信仰を続け、この時のおぢば帰りに加わる。この時、佐津川、古川の両役員が相談して、

「三戸部氏は辞職して、収入がなく、家賃を払うのは気の毒である。借家を引き払って東本へ住み込んでほしい」

とのことで、従来の借家は川名勝次郎(本豊《ほんとよ》分教会初代会長)に譲り、三戸部一家は三十四年八月、東本布教所住み込みの第一号となるのである。そして三十五年十二月には南葛飾郡葛西《かさい》村中割で布教を開始する。

さて、三年たたねば再び郷里に足を踏み入れぬと誓ったよしは、人のため

に旅費を役立てたり、おたすけが多忙であったりして、この時まで郷里に帰ることができなかった。東京へ布教に出てから丸三年六カ月目、六人の別席運びをすませて、四月のある日、よしは三戸部を随行させて丹波に向かった。

よしは二女清子を負い、三戸部の背には光之助がいた。須知に両親をたずね、娘の春子に会った。春子は久し振りに見る母に泣いて取りすがった。よしが春子の着ている着物を見ると、方々にびっしりツギが当たっていた。よしは、

「春子や、東京には三越という大きな店があってね、身体一つ持って行けば、どのような物でも買えないものはないのです。でもお前が着ているようなお祖母《ばあ》さんの丹精は、買おうと思っても買うことはできません。その丹精を心からありがたいと喜ばなければいけないよ」

と言った。

須知を出発して赤熊へ向かった。約三里半の道程であったが、よしは昔の信者の安否を問うて、あちこち訪ねた。よしは道端で土地の人々と何回も何回も立ち話をしては、その度に泣いていた。よしはこの時、自分がおたすけ

をさせてもらった人で、あるいは死亡し、あるいは道から落ちた多くの事実を知らされたのである。

わずか三年六カ月すぎた丹波の道の変わりようは目を蔽《おお》うものがあった。自分が東京へ出た後も、信者は日に月に増加し、自分のおたすけさせて頂いた信者も、この道のありがたさが益々分かって、喜々として信仰に励んでいるとのみ信じて、赤熊に帰ったよしにとって、これは大変な衝撃だった。今の今まで、あの人にもこの人にも会ってお互いにこの道を通らせて頂くありがたさを楽しく語り合おうと思っていた夢が無残に消えた。亡くなった人々、道から落ちてしまった人々、その一人一人は、よしが自分のあらん限りの真実を出し切っておたすけした、忘れようにも忘れ得ぬおたすけの相手ばかりなのだった。

しかも自分一人が苦労したのではなかった。それらのおたすけのために、子供の庫吉にも春子にも満足に食べさすこともできなかった。親子三人食べなくとも、困っている人々には米や味噌《みそ》を持っていったこともあった。よしの丹波で積み上げた努力は今や無に帰してしまったのだ。

ある屋敷跡に、雑草を踏んで立ったよしは、ただ一本残る庭の大木のもとで、いつまでも立ちつくしていた。涙がとめどなく頬《ほお》をつたった。肌寒さを感じてきた三戸部も、わけ知らず胸がせまって、後ろに立ったまま、「早くまいりましょう」と声をかけることができなかった。

この時よしは、痛切に、

（私の丹波におけるおたすけは間違っていたのだ。たすかってもらいさえすればよいという考えから、身上だすけばかりしていて、その精神を救うということに気づかなかった。そのためにこんなことになった。可哀《かわい》そうなことをしてしまった。私は間違っていたのだ）

と思った。その落胆はひと通りのものではなかった。

帰り道は、真っ暗になった。山中の淋《さび》しい道である。暗い道を横切って何かが走るかと思えば、蛇でも這《は》っているのか、足許《あしもと》や両側の叢《くさむら》をガサゴソガサゴソとひっきりなしに音を立てて何かが出たり引っこんだりする。石につまずいたかと思うと、何か得体の知れない柔らかい物を踏みつけたりする。

三戸部邸次郎は、清子を背負って先に立つよしの姿を、闇の中に見つめたまま、瞼《まぶた》を熱くした。

（男でさえも気味の悪いこんな山の中を、若い女の身でありながら、お子さんまで背負って、夜となく昼となく、西に東に、食うや食わずで、人だすけに歩いて下さった。どんなにご苦労だったことだろう）

　そう思ったら、三戸部は歩きながら、涙が出て止まらなかった。

「おたすけとは実は天恩を教えることなのである。単に身上事情を救うことではないのだ。天恩を知らしめたら間違いないのだ。恩報じの精神をつくっておかなければ、結局たすけたことが仇《あだ》になる。申し訳ございません。このことに気づかなくて本当に申し訳ございません」

　よしは丹波から帰って、教祖の前で血の涙をしぼっておわびした。そしてその思いを肝に銘じて最初のおたすけを行った。

「東京の下谷万斗町と云えば、有名な貧民窟であった。ここに三年間寝たきりの病人がいた。病人の家内は、抜け毛を集めて、生活の資《もち》としていた。勿論《ろん》、医者にかかる力はなし、食いたいものも食えず、僅《わず》かに集めた抜け毛を売った金で、残飯を買い、食っている状態であった。この夫婦に（如何《いか》にして天恩を知らしめて助かって貰うか）これが会長（注、中川よし）が丹波から帰ってから、最初に当面したお助けであった。

会長は、その家内に、

『あんた、一日に十時間働くなら、その中一時間を、神様に捧《ささ》げて、お助けを頂きなさい。あんたがた夫婦は、大変な親不孝がしてあるのですから』

と、こんこんと、如何なる親不孝の道があるか、又この身上を助けて頂くには、どうしても天恩を報ずる精神にならねばならぬ、と諭した。よく話を聞きわけた家内は、早速実行をした。一日十時間働いて、金十銭也を稼いでいたその家内は、その中一時間分、すなわち一銭を毎日運ぶ実行をしたのである。不思議にも、その夫の三年間の身上は、幾許《いくばく》もなく鮮やかに守護を頂いた」（高橋兵輔著「中川与志」）

（人々の「精神」を救わねばならぬ。誠真実の心をもった信者をつくらねばならぬ。信者の増減は問題ではない。自分の身上や事情をたすかりたいばかりの気持ちの人に、誠真実の精神を植えつけもせず救ったのでは、天恩も知らしめずにたすけたのでは、普通の拝み屋と何ら変わらないではないか。自分だけがたすかるために神に祈る人ではなく、たとい身は倒れても「人様たすかって頂きたい」という誠の心を抱いて逝く者が一人でも多くならなければ、親神の望み給う世界にはならぬ。真に救われた人というのは、こういう人を言うのだ。難儀不自由は、誠真実をつくってもらうことによって、たすかってもらおう。そしてたすかったら、必ず恩を知る人になってもらおう）

よしが丹波から帰って来てからの仕込みは厳しかった。布教師として立つ者には申すに及ばず、信者にも、

「この道が気に入らなかったら、別に信仰してくれなくても結構ですよ。東本はあなたに信仰してもらわなくても、たくさん信者はあるのですから」

とさえ言った。しかし、よしのこの言葉をきいて、腹を立てて帰った信者で、そのまま家まで帰りついた人は一人もいなかった。みな途中でさんげして、東本に引き返した。よしの不断の真剣命懸けの道中が、その理づくりをなしたと言えよう。

人情的おたすけを排し、理一条に根ざしたるたすけ一条へ。

中川よしは常に言った。

「信仰に上下はない。おたすけにかかったら、目上も目下もない。神の代理をしていると思え」

「神様のことについては、絶対に人の情けにはすがってはならぬ。あくまで神様を唯《ただ》一つの頼りにして行け。たとえ天の恵みは受けるとも、人の情けは受けてくれるな」

これが、よしの不動の信念だった。

住み込み人や部内教会長、布教師には峻厳《しゅんげん》といってよい仕込みをしたが、しかしまだ一人立ちの出来ぬ信者には深い情をかけていた。

中川よしは元来、「情の人」だった。限りなくやさしい会長だった。涙もろく、人から苦労話をきくと、すぐ泣いていた。この「情の人」が「理の人」になって、どういうおたすけをしたか。ここに「理」と「情」の混然一体となったおたすけのちょうど良い例話がある。本陽分教会初代会長関条治《くめじ》が書いたものである。大正四年冬の話である。

「或る貧乏長屋に、しぼれば油汗の三升も出ようという汚いフトンにくるまって肺病の男が寝ていた。東本の他の助け人衆もおさづけに行ったが、私も下足番をしていた頃だったのでお助けに行った。私は当時布教にカンカンになっていた時だったから、相手を考えずに納消の話をした。すると、その男は自分のくるまっているフトンを投げ出して、

『これしかない。これでも良かったら持って行ってくれ』

と吐き出すように言った。私はシラミとノミの巣のようなフトンをかかえて帰って来た。

『それは結構だったね』

と初代会長（注、中川よし）はいわれた。そして白い布でそのフトンを包んで、神様に供えて、長い間お祈りをされていた。

　その午後、私は初代会長から、仕立ておろしのさっぱりしたフトンを一重ね渡された。その男の処に持って行き、

『お供えして下さったお礼です』

と、さし出せといわれるのである。

私は胸がつまった。危く泣き出しそうな顔をフトンに埋めて、その男を訪ねて行った。

男は私がフトンをお供えさしたので、少し怒っていた。二度訪ねて行った私を見て、もう何もないよ、という顔をした。私は、

『会長様の御見舞だよ』

といって、新しいフトンをさし出した。男はキョトンとしていたが、やがて大声あげて泣き出した。その人の息子さんが今、分教会長となっている」

（関条治著「借物十講」）

関条治は東京神田の「上田屋」という書籍出版業を経営していたが、信頼していた番頭に持ち逃げされたり、発刊した本が発売禁止になったりして莫大な借財を背負い遂に倒産した。商売をやめなければならなかった関は、かねて信仰していた妻てつに手引かれて、大正四年元旦に初めて東本に参拝した。拝殿は文字通り立錐《りっすい》の余地もなく、人で埋っていた。その盛大さに圧倒されながら、関は、

「ここで金儲《もう》けを教えてもらおう。そして立ち直るのだ」

と思った。

そして、二、三日たって、よしに会った。

「あんたは魂の徳が切れているのですから、もう世界で金儲けはできませんよ」

よしはいきなり言った。

「どうすれば良いのですか」

よしの前で、何かに圧倒されて、腑《ふ》ぬけたようになって、小さい声でこれだけ言った。

「人をたすけたら良いのです」

よしは断定した。

「私でも人をたすけることができますか」

「神様のお話を取り次ぐのですよ。人様をたすけさせてもらうと、目にも見えない手にも取れないその理が、目にも見えない手にも取れない心に徳となって残り、それで結構にして頂けるのですよ」

そのまま東本に住み込んだ関は、拝殿の下足番をしたり、お茶汲《く》みをしたり、染井の東本墓地の土持ちひのきしんに精を出していた。

　ある日、ハッピを着て下足番をしている時、不渡手形を出した村井銀行の頭取が来て、駒形のどじょう屋までつき合えという。借金のこともあり、断りきれずについて行った。頭取は関の落ち切った姿、昨日の経営者が今日は天理教のハッピを着て下足番をしている姿に、やはり打たれるものがあった。貸金の催促に来たのに、

「関さん、君がせめて三年間、天理教として通ったら、借金を棒引きにしよう。もし、天理教から飛び出したら、その時は請求しますぞ」

と言った。

　あまりの嬉《うれ》しさに、飛ぶようにして東本へ帰り、よしに報告すると、

「関さん、あんたがいんねんを自覚して、たすけ一条になって下足番まで身を落としきったから、神様が許して下さったんだね。よかったね」

　よしはポロポロ涙をこぼして喜んだ。関も喜びが胸にあふれて、涙にくれていると、よしは、キッと形を改めて、

「関さん、人間は借金を棒引きにしてくれても、天の借金は棒引きになりま

せんよ」

と厳然とした口調で言った。関は、「ハッ」と答えたまま、頭を上げることができなかった。

その後で、関は自分の借金のことを種々説明した末、

「その他に、待合に二、三千円残っておりますが、今まで大分儲けさせてありますから、そんなのはどうでもいいのです」

と言った。すると、よしは叱《しか》った。

「関さん、お金を借りるには、何度も足を運んで、七重のひざを八重に折るものです。けれども、待合では太平楽に遊び散らした上、大威張りで借金するのでしょう。同じ借金にしても、格段の違いです。待合などの借りは、特に天借を重ねることになります」

よしは、「天借」とか「天恩」という言葉をよく口にした。

ある快晴の一日、関は威勢よく先生方のあずかり物を洗濯していた。そこへよしが通りかかった。

「関さん、洗濯ですか。精が出ますね」

関は恐縮して頭を下げた。ほめて頂いてもったいないことだと思っていると、

「関さん、人間は垢《あか》で殺されることはありませんけどね、昼日中に洗濯して天借を重ねますと、天恩が重なって身上をお返ししなければなりませんよ」

やさしくそう言って、よしは去って行った。

関条治は元来、聡明で闊達《かったつ》な人物であったから、よしは素晴らしいおたすけ人にしようと特に目をかけた。しかも、いろいろな事情を考慮して、大正四年正月に東本に住み込んで以来、わずか三カ月目には大阪の本阪《ほんさか》集談所へ行かすのであるから、常識では考えられない仕込みをした。ことさらいじめているとしか受けとれない仕込みをした。

どういうふうに仕込んだのか、その記録は残っていないが、多分このように仕込まれたのだろうという逸話がある。本中《ほんなか》分教会初代会長鈴木捨松に関するものである。

鈴木捨松が東本へ住み込んでいた時のこと、東本のある月次祭の朝、鈴木は拝殿玄関の掃除をしていた。そこに、よしが来た。

「鈴木さん、あんた、今日は何の日やと思っている。今日はお祭り日だよ。何をそんな所でマゴマゴしている。早くおくもつを包みなさい」

と、突然大声で叱った。

「申し訳ございません」

と鈴木は早速、玄関掃除をやめて、おくもつを包んでいた。するとそこへ、またよしが来て、

「鈴木さん、だれに頼まれて、おくもつを包んでいるのや。そんな余計なことをしないで、なぜ玉串をこしらえないのや」

と、再び割鐘のような声で叱った。拝殿にいた者は恐ろしさに震えあがったくらいであった。よしは関西弁まじりの東京弁で、叱る時にはよく関西弁が出た。

鈴木捨松は、腹の中で実に面白くなかった。

(何だ、会長は嘘《うそ》つきだな。自分でおくもつを包めと叱っておいて、あんなことを言っている)

と思ったが、「ハイハイ」と答えて、おくもつを包むのをやめて、玉串をつ

くりにかかった。ところが祭典が始まるまでに、またよしが出て来て、無理難題を言った。やりきれなくなった鈴木は、何が何だかわからずに、月次祭がすんでも呆然《ぼうぜん》としていた。するとある先輩が、

「鈴木さん、いよいよおめでたいね」

と言った。

「何が、どうしてめでたいのですか」

と、しょんぼりして力無く答えると、

「近いうちに、布教のご命令が出るよ」

と言うのだった。

　このことがあってから、鈴木はよしの命令によって、時々葬祭の手伝いをするようになる。当時の東本で、よしのもとでする葬祭の手伝いは、布教に出されるものが必ず踏む道程であった。よしが極端な無理を言う時は、たんのうの精神がどこまでできたかを試験していたのである。いかなる事情、いかなる困難にぶつかっても耐えきる強靱《きょうじん》な精神と覚悟がなければならぬ、どんなおたすけでもさせて頂ける心を、こちらが作っておかねばならぬ。これ

に落第したら、布教の資格はなしということになって、もうあと三年程、仕込みを受けねばならなかった。

ある日、鈴木はよしに呼ばれた。よしはニコニコして、とびきりやさしかった。

「鈴木さん、長らくご苦労さんやったな。よく勤めてくれました」

と、布教の命令が出たのである。

これが大正三年秋のことであるから、関条治も無理難題ととれるような仕込みをされたに違いない。入信後まだ日浅い関には、よしの大空のように広い心がまだ理解できなかった。信仰は生涯捨てないが、教会勤めは真っ平だ。こんなに辛《つら》い教会を出ようと決心する（多分村井銀行の頭取に会う前であろう）。

荷物を整理し、神前に長い礼拝をして、よしの居間に向かっておわびをして、正門まで出て来た。午前三時頃であった。

すると、正門の手前にある庭木の影から、スッとあらわれた人がいる。何と、よしが関の方に向かって歩いて来るのだ。関は実に驚いた。

よしは教会を去ろうとする関に、静かに語りかけた。

「関さん、あんた、そんなに短気を出して、この道のおたすけ人になれますか。あなたは今、生きながらの生まれ更《か》わりをしているのですよ。今までのあなたは、自分が儲けさえすればと、自分のことばかり考えていました。それが（人様にたすかって頂きたい）という人間に生まれ変わるのです。今の苦しみが将来の楽しみなのですよ。あなたが立派なおたすけ人になるための苦しみなのですよ。今日から下足番をしながら、にをいがけ、おたすけに出させて頂きなさい。しかし、天借、天恩の重なったあなたは、この世のどん底に落ちている貧民窟以外のところへ行ってはなりません」

見れば、よしの両眼からは滂沱《ぼうだ》として涙が流れているのだ。

関はハタと地べたにひれ伏した。

（そこまでの思いで仕込んで下さっていたのか、それを自分は――）

関は泣けて仕方がなかった。おわびの言葉を口にしようとするが、胸が張り裂けるような感激から、むせび泣きがもれて、どうしても言葉にならぬ。ふくれる胸の中で、

（会長様、申し訳ございません！　私ごとき者に親心をおかけ頂き、もったいのうございます。私は今日の日を忘れることなく、命がけでこの道を通らせて頂きます！）

と、繰り返していた。

哀しき子

　よしが六人の別席者を連れて、地に足が着かない程の喜びをもって、おぢば帰りをした時のことである。大阪の南支教会に滞在し、今日は高安へ参拝しようという朝のことであった。

　まだ朝晩は火の恋しい春寒の頃なのに、膝《ひざ》っ切りの単衣《ひとえ》を着け、せんべい下駄《げた》をはいた一人の少年が教会の玄関にいた。その少年は東本から参拝に来た人達の下駄を拭ってそろえたり、鼻緒の切れそうなのを直したりしている。痩《や》せた顔は青白く、手足は真っ黒に汚れ、おまけにひびだらけで赤い肉が所々に見えているのだ。この少年が、目に涙をためながら「お母さん、お母さん」と必死な面持ちで、よしを追っている。だが、よしは意外に冷淡なそぶりをしている。

一体この子はだれなのだろうと、宮島保定がひとに聞いてみると、何と、この少年こそ、よしの長男、当時数え十四歳の庫吉（東本二代会長）だったのである。あまりにも哀れな庫吉の姿を見て、宮島は悲憤の涙をこぼした。よしに向かって、

「あなたは、人をたすけるたすけると言って、一人で夢中になっているが、人をたすけるというのなら、まず第一に、自分の子を先にたすけたらどうだ。何だい！　この可哀《かわい》そうな姿は。わが子をこんなことにするのが天理教かと思ったら、わしは恐ろしくなった。もうやめだ。こんな天理教なら、もうやめちまう。だれが信仰なんかするものか！」

と喰《く》ってかかった。

庫吉がよしと別れたのは数え十歳の晩秋の霧の深い朝だった。母を追おうとしたが祖母うのにつかまえられて果たせなかった。他家へ小僧にやられた彼は、例えば、小さな身体で米の一斗から一斗五升を買いにやらされる。山を越えて歩むと、背中の米が骨にめりこむように重い。木枯しが烈《はげ》しく吹いている時は、息がつまり、一町歩んでは這《は》いつくばい、二時間以上もかかっ

て帰ると、何をしていたのだ、こんなに遅くなることがあるものか、遊んでいたに違いない、太い奴だと、シンバリ棒や灰掻棒《はいかき》でところ嫌わず叩《たた》かれた。その時、一滴でも涙をこぼしたり、言い訳をすれば、もっと酷《ひど》い目にあわされた。こういうことが積もり重なり、庫吉は十歳にして死を思ったのである。彼は、生まれながらにして、両親とほとんど家を同じくすることのできない悲運をもっていた。

堪え切れなくなって、流浪の孤児のごとくその家から逃れた。大阪に来ている所を、南の松永菊松に連れられて、父弥吉のいる南支教会に置いてもらうことになった。

しかし庫吉は、南におられなくなった。賽銭《さいせん》泥棒を、ある目上の人からさせられたのである。よからぬ所へ遊びに行ったり、買い食いをしたりしたいために、庫吉を責め、泥棒を強制するのだ。逆らうと物陰に連れ込んで殴《なぐ》る、蹴《け》るという制裁を加えた。

剛毅《ごうき》な父弥吉も、さすがに涙を流した。それでも「この道中が先の結構や」と気強くも庫吉を奉公に出すことにした。

マッチ工場の前へ来て、いよいよ別れる時、弥吉は、

「庫吉！」

と一声叫んで、庫吉の身体を力一杯抱きしめた。一カ年四円の給金を前借し、神様にお供えして、無給で働くわが子。父のいる教会にも住むことが出来ないわが子。弥吉にはどんなに不憫《ふびん》に思われたことだろう。

庫吉の頭の上に、小さな熱い雫《しずく》が一滴二滴と落ちて来た。

「お父さん！」

庫吉も涙声で言う。庫吉は泣きながら、しかし幸せだった。こんなに直截《ちょくせつ》に父から愛情を表現してもらったことはかつてなかった。

（お父さん、ボクをみんなは親無し子というけど、ボクにはこんなにやさしいお父さんがいるんだ）

こうして庫吉は、マッチ工場の次には、鉛の玩具製作所へ、よしと会った時は、玉造《たまつくり》の外川という下駄屋に奉公中であった。この間にも、辛《つら》いことが重なった。玉造の踏切に飛び込もうとしたことは、一再でなかった。（どんなにお母さんに逢《あ》いたい！　という想《おも》いは日ごとに激しくなった。

苦労があっても、お母さんの側《そば》にいたい！）と庫吉は思った。だが、その母ははるか遠い東京にいるのだ。

ある夜、庫吉は、なつかしい母が東京から「南」に来た夢を見た。きっと教会に来ているに違いないと思い、無断で下駄屋を飛び出し、一目散に教会まで走って来た。もちろん、自分のみすぼらしい姿を考える余裕などなかった。

なんとかお母さんの機嫌をとって、お母さんの側へ置いてもらいたい思いから、東本から来た人達の下駄を揃《そろ》えたり、拭いたり、ゆるんだ鼻緒を直したり、腫《は》れ物にさわるように物を言ったり、実にいじらしかった。

よしは、

「庫吉や、よく丈夫でいてくれたね。お前は定めし私を怨《うら》んでいるだろうが、どうかゆるしておくれ」

と煮える心中を抑えて、それだけしか言わなかった。

「お母さん、ボクはどんな辛抱でもしますから、どうか一人前になるまでお母さんのお側においてて下さい」

袖を握って嘆願する庫吉に、よしは色のよい返事をしなかった。

そうするうち、よしは六人を連れて高安へ行ってしまった。庫吉が気づいた時は、よしの姿は見えなかった。庫吉は気が違ったようになって、次の汽車で後を追った。*

高安へ着いて母を見つけた庫吉は、今度こそ母の袖を握って離さなかった。叱られて袂《たもと》を離すと、その代わりに、

「お母さん、清子をおんぶしましょう」

と言って、赤ん坊の清子を背負って離さないのである。そして、

「お母さん、何かご用はありませんか」

と、よしの言いつける用事をまめまめしくやったり、光之助の面倒を見たりして、ひたすら、よしのご機嫌をとるのであった。

その夜、清子と光之助を中に、四人枕をならべてやすむことになった。よしが便所に行くために起きると、眠っているとばかり思っていた庫吉が、あとをついて来るのだ。よしはさすがに堪えられなくなった。

「庫吉や、ちょっとこちらへおいで」

庫吉を外へ連れて出た。高安の拝殿のわきに松の木があった。この木の陰の暗がりで、よしは泣きながら、

「庫吉や、お母さんは、今が一番大切な時なのです。お前を連れて帰りたいのは、やまやまだけど、今、お母さんの手許には、二人もお前の弟妹がいます。それだけでも、おたすけがなかなか出来ない。お母さんは、決してお前を見捨てておくのではないんだよ。どうか、そこのところをよく聞き分けて、もう少し辛抱しておくれ。お母さんも辛いけれども、これも神様のご用のためだから辛抱しておくれ。お願いです。もう少ししたら、きっと迎えに来るからね」

「いやだ、いやだ。お願いだから一緒に連れて帰って下さい！　光之助や清子のお守りなら、ボクだってできるし、教会のご用だって、お母さんのご用だって、何でもさせてもらうから――お願いです！　お願いです！」

「どうかお母さんの言うことをきいておくれ」

よしは袖で顔を拭い、庫吉はよしの胸に顔を埋《うず》めて忍び泣く。母と子は、泣きながら、いつまでも果てることのない押し問答を続けていた。

これを松村吉太郎の弟、隆一郎が立ち聞いた。もらい泣きをした隆一郎は、吉太郎にこのことを話した。

その翌日、よしは松村吉太郎に呼ばれた。松村は言った。

「中川、お前の息子は、高安で預かってやる。安心して働いてくれ」

「申し訳ございません！」

よしは、ありがたさ、もったいなさに、その場で畳に泣き伏した。よしが丹波時代におたすけした人の子供は、既にその時高安に置いてもらっていた。しかし、よしは自分の子を上級教会に預かってもらおうとは思っていなかった。人だすけのため、いんねん果たしのためには、親子もろともどこまでも苦しんで行かねばならぬと、よしは考えていたのである。

仕込みの台

よしが最も厳しく仕込んだ人というと、本芝大教会二代会長白木原《しろきはら》アキヨをあげなければならない。

アキヨが、この道の話を聞いたのは、明治三十九年三月頃のことと思われる。アキヨは二男肇《はじめ》の出産後、身体を悪くして、やがて血脚気《ちかっけ》を病み、養生のため郷里大分県西国東《にしくにさき》郡田染《たしぶ》村へ帰った。その留守に、夫明吉《めいきち》（本芝初代会長）がかつて口入れ業を営んでいた時世話をしていた女が、明吉のところに入りこんでしまうのである。夫婦然とした二人の所に、アキヨは帰ってくる。アキヨの苦しみが始まるのである。

当時本郷春木町で小間物屋を営んでいた白木原明吉と本所外手町三八番地（現在東本大教会境内地）において紙箱製造をしていて熱心な信者であった

沢野春之助とは取引関係があった。沢野春之助は白木原家の複雑な有様を既に知っていた。当時二十三歳であった沢野春之助は十六歳の時に結核性脳脊髄膜炎を助けられ、この道の信仰のありがたさを肝に銘じて、布教を志していた。見れば子供の肇も重病にかかっていた。沢野春之助はアキヨを気の毒に思った。何とかたすかってもらいたいと、ある日アキヨを訪ねる。

沢野は熱心に話をした。アキヨは天理教のことは知らなかった。しかし月、日親神様の教えと聞いて、アッと思うことがあった。かつて郷里にいた時、長男の保（本芝三代会長）が三歳の時、重病にかかり死にかけたことがあった。その時、毎夜お月様にお水をささげ、その水を飲まして不思議にたすかったことを思い出した。月、日親神様ならば二男の肇の命をたすけて下さるかもしれないと思った。

アキヨは沢野に案内されて外手町の東本支教会の門をくぐり、よしに会った。よしは沢野からアキヨの事情をきくと、ポロポロと涙をこぼして、

「あなたの家はいんねんは深いし、神様の思召《おぼしめし》のある家です。あなたも随分苦労しましたねえ」

と言った。

　その言葉には親が子をいたわるようなやさしさがあふれていた。

「あなたは夫に苦労し、子供に苦労し、親戚縁者に苦労するいんねんがあります。世の中の人は、みんなそのいんねんに流され、いんねんに泣き、いんねんにもだえて苦しみながら、いんねんを逃れることは出来ません。これから神様のお話をしっかり聞いて、深いいんねんを切り、末代まで結構にして頂ける徳を積ましてもらいなさいね」

　アキヨはこんな偉大な人に今まで出会ったことがなかった。話は決してうまくなかった。が、よしの顔を一目見るなり心の底から懐かしさがこみあげてくるのだった。よしの目は澄み切っている。吸い込まれるような気持ちがする。言葉は東京弁のまじった関西弁だった。よしの話を聞いている間、アキヨは現実の苦しさを忘れることができた。アキヨは心底思った。

「人間、同じ一生を送るなら、こういうお方にすがって、生き甲斐《がい》のある苦労をしてみたい」

　ところが明吉は天理教は反対だった。肇のおたすけに東本のおたすけ人が行くと、明吉は追い返した。

この年の四月四日、前日から大雪が降り、この日も雪の舞う中、幼い肇は息を引き取った。長男の保は九州に行っていて留守である。アキヨがどんなに悲嘆にくれたか想像に難くない。アキヨは肇の位牌《いはい》と一緒に階下の部屋にやすむようになる。夫は女とともに二階にやすむ。肇が死んでから、白木原家でのアキヨの立場は実に奇妙なものになった。

アキヨは深夜、本郷から厩橋に近い東本まで歩いて参拝した。今のアキヨには、東本の会長であるよしの言葉だけが頼りだった。

（深いいんねんを切らしてもらわねばならぬ。子孫末代までの徳を積まして頂かねばならぬ）

当時は警察からの達しで、夜十時以降は教会の門を閉じなければならなかった。東本の門前にぬかずいて、アキヨは一人遠い道を帰った。そのことを明吉と女にこもごも責められた。

そうしたことが積もり重なって、あまりの辛《つら》さに、アキヨは遂《つい》に死を決心した。これが最後という気持ちで東本に参拝し、神様にお別れを告げて、教会の門を出た。

その時ちょうど、よしが拝殿に出て来て、門を出るアキヨの後ろ姿をチラッと見た。

その瞬間、よしの心に霊感のようなものがひらめいた。

「春子！」

よしは側《そば》にいた娘に大声で言った。

「春子！　早く行って、白木原さんを連れておいで！　早く！」

あまりの大声に春子は驚き、下駄《げた》をはく間もなく、はだしで飛び出して、アキヨを連れて来た。

「白木原さん、今日はもう遅いから、教会へ泊まって行きなさい」

よしはやさしく言った。当時の東本には池があった。「この池でも死ねる」と思ったアキヨは泊まることにした。

よしは、住み込みの明山と長谷川の二人の男の先生を呼んでひそかに、

「あんたたちは、今晩は寝ずの番ですよ。白木原さんが死のうと思っている。今日は何を聞かしても駄目です。死なしてはならんよ」

と命じた。

翌日、幾らか心の落ち着くのを見て、よしは、この道の話を諄々《じゅんじゅん》と説いて聞かした。アキヨはこの後も、何回も死のうとしている。ある時は鶯谷《うぐいすだに》の踏切にいた所を、明山丑之助（本阪分教会初代会長）に助けられている。

その後、十二歳の長男保が大分県から帰って来た。これがアキヨの心の支えとなった。アキヨは保を連れて東本へ参拝に通うのだった。

よしは夜遅くまで起きていた。ふとんを着て寝ている姿を見た者がなかった。夜どんなに遅くとも起きているし、朝どんなに早く起きても、既によしは起きていた。だから当時の東本に住み込んでいる子供達は、「うちの会長さんは世界一偉い人だ」と思っていた。また夜警番をしていた本平《ほんひら》分教会前会長の金子孔次も、一晩のうち何回も夜廻りをする時に、会長宅の前を通ると、どんな夜の夜中であっても、必ず「ご苦労さま！」と声がかかるので、会長宅の前を歩く時は抜き足差し足で行った。しかしどんな時も、「ご苦労さま」と声のしない時はなかった、と述懐している。

信者たちが閉ざされた門の外から賽銭《さいせん》をあげ、熱心に参拝して帰って行く。

よしは、その柏手《かしわで》の音を聞いて、今、誰々さんがこれこれのお願いで参拝している、私もこちらから添い願いを致しましょうと、いちいちお願いをした。「今夜も、白木原さん母子が、お詣《まい》りに来られる時間だねえ」とアキヨを心待ちしていた。そして陰から一緒にお願いをした。しかし、一度も門を開けて「さあ、おはいり」と声をかけなかった。

「苦労は道の宝。道の種まき。白木原さんは今苦労の最中です。尊い姿です。それを側《そば》から声をかけて、種まきをやめさせてはなりません。苦労している時には、苦労をさせてあげなければ……」

そう側の者に言って、よしはよく涙ぐんだ。

そうして遂にアキヨの夫明吉に回心の時が来る。明治四十年四月のある日、明吉は脳溢血《いっけつ》で倒れた。よしは、自分の命を十年神様にさし上げて、明吉の命をおたすけ下さいと、お願いした。その通り白木原明吉は元気になって、十年後の大正六年に出直すのである。明吉は神一条のおたすけ人に生まれ更《か》わった。そして東本に住み込む。

アキヨも小間物商の残務整理をし、女の問題を片付け、東本へ住み込むこととなった。丁度小学校を卒業した保を連れて教会へ入ろうか、どこかへ預けようかと迷って、よしに相談すると、

「白木原さん、あんたも随分苦労しました。親子夫婦が離ればなれで苦労して、やっと一緒になれるかというところです。それだけに保さんがいとしく手離したくないと思います。でも教会という所は、善人ばかり集まっている所とは違います。いろいろのいいんねん持ちがいます。そのいいんねん持ちがいんねん果たしをさせてもらいたいと思い、神様の教えのままに努力し実行しているのが教会です。腹の立つことも苦しいこともある。それを通り抜けるのが成人の道すがらですが、あんたがどんなに気丈夫でも、子供の情にひかされて道が通れんということがあってはなりません。そこでむごいことのようですが、この際、情を断ち切って、保さんにも苦労してもらって下さい」

よしも東京布教の時、庫吉と春子を、親子の情愛を断ち切って郷里において来たのである。

アキヨは東本に住み込むことになった。保は日本橋の屋島洋反物店に奉公に出た。

「よろしいか。教会は掃き掃除、拭き掃除は行のはじまりです。それだけでは当たり前。当たり前は当たり前のご守護しか頂けません。あんたには、もっと大きい理を頂いてもらいます。あんたには炊事勤めをやってもらいます。教会の炊事は難しゅうおまっせ。教会の勤め人の心を生かすのも殺すのも、炊事の人の心一つです。人だすけの心の台造りなのです」

この時、東本支教会（部内五カ所）には約百人の住み込み人がいた。当時の東本は朝日の昇る勢いで、信者たちや布教者の出入りが盛んで夜が昼やら、昼が夜やら区別のつかぬ状態であった。炊事場も朝早くから夜遅くまで仕事があった。住み込み人はどんどん増えてくる。アキヨは、東本に来た明治四十一年九月から布教に出る明治四十三年九月までの丸二年間、遂にふとんを着てねまきをつけて寝ることはなかったといわれる。いつも帯をしめ、炊事場の火鉢にもたれたまま、うたた寝をした。よしの仕込みは厳しかった。

食事は、会長も役員も住み込み人もみな同じものだった。一汁一菜を厳格に守らなければならなかった。たまに珍しいものを少し頂いた時、皆に分けるわけにもいかず、会長の子供さんにというのが人情だが、そんなことをすると、よしは厳しく叱《しか》った。

「白木原さん、あんたは私の子供がそれほど憎いのですか！　ひと様より余分に頂けば、それだけ私の子供の徳がつきて、天恩天借が重なってしまう。憎いと思うならやりなさい！」

さすがのアキヨもこれには呆然《ぼうぜん》とした。しかし後でよく考えてみると、

（ああ、この会長様は何と偉大なお方なのだろう！　人の子よりわが子が可愛《かわい》いのが人情なのに。稀《まれ》に見る偉大なお方だ！）

と、しみじみ思うのだった。

（このような会長様のもとで、通らせて頂ける私は何という幸せ者だろう）

ごはんを焦がすと「心の誠が足りない」と仕込まれた。

「一粒のお米の中にも、月日親神様のお心がこもっている。信者さんが容易ならぬ中を、真心をこめてお供えして下さったお米です。それを一粒なりと粗末にするのは、人の誠の心が分からないのだ」

アキヨは大抵大勢の住み込み人や信者の前で叱られた。よしはアキヨを台にして皆を仕込んだ。

「はいっ、申し訳ございません。以後気をつけさせて頂きます」

アキヨは板の間に額をすりつけてお詫《わ》びした。

住み込み人の中に胸を患う人がいた。よしはアキヨを呼んで、こう言った。

「あの人は徳がつきている。可哀《かわい》そうだと思ったら徳を積ましてあげなさい。タクアンならば尻尾、人の残りものをあげるんだよ」

このきつい言葉を、アキヨはそのまま実行できなかった。そんなむごいことはできなかった。そっと人並みのものをあげると、その人の病状は悪化した。よしはアキヨを呼んで叱った。

「私があれほど頼んでも、私のいうことを聞いてくれないのですか。あんたはあの人が死んだらいいと思うのですか」

よしのきつい激しい言葉も、人をたすけたい心のきつさと激しさのあらわれに他ならなかった。アキヨは叱られながら、よしの親心の大きさ、誠真実の広さに感じ入った。

よしの仕込みはいよいよ厳しくなった。だれかのしたことまで、アキヨ一人がしたように叱った。アキヨは決して弁解しなかった。仕込んでいるよし自身も決して弁解しない生涯を送ったのだ。しかし、よしは無闇《むやみ》にアキヨを叱ったのではなかった。人のいない時、アキヨを呼んで言った。

「白木原さん、あんたには人のしたことまで、やかましく小言を言うけれど、ほかの入り込み人に毎日厳しく仕込んでごらん。みな教会を飛び出してしまうでしょう。あんたは、どんなに仕込んでも教会から逃げ出してしまわん。それで他人の分まで遠慮なく仕込むんだよ。あんたは、みんなの仕込みの台や。あんたを台にして、私はみんなに仕込んでいるんだよ。台は大きい理を頂くことができるんだよ」

やさしくやさしく、よしは話した。

炊事場の戸棚に、カビだらけのスルメがあった。もったいないと思って、アキヨはカビを水で洗い落とし、水に漬けて柔らかくし、それを細かく切って塩につけ、イカの塩辛として、正月の食膳《ぜん》に出した。住み込み人は大変喜んだが、よしからは叱られた。

「おたすけ人が食べ物に心を寄せて、人だすけの心が薄くなっては、神様に申し訳ない」

と言われた。

　またある時、鮭《さけ》の頭がタダ同様の値段で店先に投げ出されているのを見て、アキヨは買って帰り、丹念に切り刻んで、やわらかく煮て、甘露煮にして皆の前に出した。よしはアキヨを呼んだ。皆に聞こえる大声で、

「あんたは、何というきめ込みの強い人だ！　あれほど贅沢《ぜいたく》はしてくれるなというのに、甘露煮などを作って！」

　よしは鮭の頭の甘露煮が金がかかったと思って叱ったのではなかった。

「お道の者は、わが身わが家のことを思うてはならんのだよ。人様をたすけ、神様から喜んで頂くことを考えていればいいのです。食べ物に心を寄せて人だすけの心がゆるんでは神様に申し訳がないのです。分かりましたか」

「はい、申し訳ございません」

　だが、よしは後から、「白木原さん、ちょっとおいで」と会長室へ呼んで、

「あの塩辛や甘露煮はみんなが大喜びでした。あんただからこそ、あのすたるものを生かして下さった。すたるものを生かして使うことが、おたすけな

んだよ。神様が一番お喜び下さいます。だから炊事場で働いていても、ものを生かし、人を喜ばせていれば、何も外に出なくてもおたすけと同じなんだよ。その日々の理によって、布教に出た時、おたすけがあがる理が出て来る」

叱りながら、よしの言葉は偉大な教訓となってくるのが常だった。

明治四十三年八月上旬のある日、夜も更けた頃、よしの部屋から急に声がした。

「白木原さん、いやはらんか。アキヨさん、いやはらへんか、いたら呼んで来てんか」

炊事場の隅で釜の裏の炭を落としていたアキヨが伺うと、

「白木原さん、あんた、すまんが布教に出てもらいたい。たった今から教会から出て行ってほしい」

アキヨは呆然とする。余りにも突然である。アキヨは東本に住み込む時、この偉大な母のような会長様のもとで生涯ひのきしんをさせて頂きたいと願い、自分が将来布教するなど考えたこともなかった。

「明治四十三年九月三日（注、八月の誤りか）、神様ノ御急キ込《せ》ミニヨリ、仕込人六人ニ対シ、東本分教会長ヨリ、突然布教ノ御指図アリ、余リ早急ノ事トテ、一同驚愕《きょうがく》セシモ、各々思ヒ々々ノ箇所ニ出テ行キヌ。私ハ取リ敢《あえ》ズ、信徒某ノ家ニ一泊シ、翌日再ビ教会ニ赴キ、会長ヨリ改メテ、芝方面へ布教ノ御指図ヲ頂キ、高輪《たかなわ》南町ヲ選定スルニ至ル、之《こ》レ実ニ布教宣戦ノ第一歩ナリ」（「天理教伝道者に関する調査」――本芝支教会）

こうして明治四十三年九月二日には布教所開きが行われ、七軒続きの長屋の一軒、三畳と六畳の借家から、本芝大教会はその歴史を歩みはじめたのである。

大いなる慈母

白木原明吉、アキヨ夫婦は久し振りに共に生活をすることになる。アキヨは東本で生涯ひのきしんさせてもらおうと思っていたので、まだおさづけの理を拝戴《はいたい》していなかった。明吉とアキヨは毎日未明に起きて、東本まで歩いて参拝し、帰りもまた歩いて、にをいがけをしながら帰って来るという日常だった。もちろん、信者は一人もいなかった。保も丁稚《でっち》奉公をやめて布教所へ帰って来た。ようやく親子三人の生活が、布教中の赤貧洗うが如き中でも出来ると思ったのも束《つか》の間、よしの命令で明吉はまた東本勤めとなる。そして保も東本の青年として住み込むことになる。

　本芝布教所はその後アキヨの活躍により、着々と実績をあげ、信者も相良《さがら》こと、その娘のふさ、小間物商の永田和平、渡辺まん、そして藤井定次郎、豊次郎兄弟が入信する。藤井豊次郎はのちにふさと結婚し、田中豊次郎となり、本荘《ほんえ》大教会の初代会長となった。

ある日、よしは白木原夫妻を呼んで、

「あんた達が布教に出てから、もう三年になる。今度布教所を教会にしてもらいなさい」

と言い渡した。そのためには、今の家では狭すぎる、もっと大きな家を探すように、とのことであった。

明吉とアキヨは、連日家を探し歩いた。だが、適当な家は見つからなかった。よしからは、何をしているのかと矢の催促である。

ある日、よしは、

「いつまでも家を授けてもらえないのなら、私も行って探そう」

ということになり、よしが先に立って、高輪から二本榎《えのき》あたりに出ると、借家はあちこちにあった。

「白木原さん、家はなんぼでもあるじゃないか。こんなに借家があるのに、家がないとなぜ言いなさる。さあ、この二軒目の家を借りなさい」

よしが出て来ると、たちまち決定した。これが現在の本芝大教会の所在地である。しかし、この土地はこの辺《あた》りの住人にとって、大変な土地であった。

「当時、二本榎ハ五人殺ニ有名ナル地トテ、空屋多ク、住ムニ人ナク、雑草生ヒ繁リ、夜ハ殆《ほとん》ド往来絶エ、虫ノ音ノミ寂莫《せきばく》ナリシモ……」(「天理教伝道者に関する調査」—本芝支教会)

この家の近所の汽船上川丸の船長の留守宅で、母子四人、女中一人が惨殺されたのである。しかも犯人はまだ見つかっておらず、この事件が未解決のままでいるうちに、瀬戸物屋の夫婦が殺され、その上その近くにまた人殺しがあった。そのためだれも怖《こわ》がって寄りつく者もなく、この町の人々もぞくぞく移転をしているという場所だった。

「会長様、ここは殺人のあった町で、町の人達すら逃げ出そうとしている土地でございます」

というと、よしは、

「白木原さん、それが結構じゃないですか。人のいやがる土地に、万人たすかる寄り所をつくらしてもらって、いやな場所を楽しい場所にさせてもらう。

それがお道じゃないの。それが神様に受け取って頂き、教祖に喜んで頂ける道なんだよ」

明吉とアキヨはなるほどと思った。

こうして、本芝宣教所は、東本部内で第二十二番目の教会として設置された。

その頃、おぢばでは大正普請の最中であり、教祖三十年祭を目前に控えて、神殿（北礼拝場）、教祖殿、祖霊殿の普請のために、全国の教会、信者が勇みたっていた。

ある時、よしはアキヨを呼んで言った。

「この度のご本部のご普請について、東本では、神殿の丸柱三本のご用を頂《ちょう》戴《だい》して来ました。それで、白木原さん、あんたとこに一本あげましょう。しっかり勤めさして頂いて、しっかり尊いおぢばの理を頂くんですよ」

アキヨは、「はい」と受けた。

宣教所になって一年経《た》つか経たないかの本芝にとっては、背負いきれるかどうかという大変なご用であった。丸柱一本は当時で千円なのだ。

当時の東本分教会の教勢は部内二十四カ所であった。設立したばかりの本芝に、東本が高安から頂いて来たご用、三本の内の一本を与えたのであるから、いかに、よしが「仕込みの台」として育てたアキヨに、本芝に大きな期待をかけていたかが分かる。しかも当時は東本の直轄信者が非常に強く、部内からのお供え金はほとんど当てにしていなかったという時である。

やがて、その素直に受けた理が吹いて来る。入江家とその親戚の岡田家が全財産を納消して生涯天理教一筋で通ることを決心するのだ。総勢十五人が住み込ませてもらいたいと願い出て来たのである。アキヨはよしに相談に行った。よしは喜んで、

「神様の思惑は一夜の間にもと仰せられているように、本芝にそういう結構な理があらわれて来たことは、先々大きくなる理です。喜んで引き受けさせてもらいなさい」

と言った。

ところが、本芝宣教所には畳の部屋は参拝場を入れても、四畳半と六畳の二つしかなかった。そこに、その筋の人が実態調査に来た。アキヨは思い悩

んだ末、また、よしをたずねて、この問題について指図を仰いだ。

「白木原さん、何もそんなに心配することいりません。神様は、死なしゃしません。子供さんが多くて困るなら、私のところへ連れておいで、私の手許《てもと》で育ててあげましょう」

よしは、いつでも布教者たちの偉大な母親だった。布教者たちが困ることは、何でも引き受けてくれるのだった。アキヨはよしの前で泣き伏してしまった。

子供達のことは、入江、岡田両家にとっても心配の種だった。アキヨから、東本の会長様が育てて下さるという話を聞いて、一同の者は、厩橋の東本分教会の方を向き、柏手《かしわで》を打って、目に見えぬ会長を拝んだ。

「このご恩は生涯忘れません。このお慈悲にお応えして、私ら親たちは命懸けで布教さして頂きます」

と声をあげて泣いた。

入江家は八歳の薫《かおる》（本理《ほんり》世分教会長）と六歳の千代子（本理世部内本芝庄布教所長）を、岡田家では十一歳の静子（本道《ほんみち》分教会前会長）と八歳の省三

（山本家へ養子に入り、本芝耕《ほんしばこう》分教会初代会長）を預かってもらうこととなった。

東本分教会には、こうした布教者の子供達が五、六十人ぐらいいた。これらを直接面倒を見たのは春子だった。春子は婚期を過ぎても、自分の結婚を忘れて、子供達を可愛《かわい》がった。子供達は春子のことを「おねえさま」と呼んでなつき、成長して後、「姉想会」というのをつくった。春子亡きあとも、時折集まって、その思い出を語っている。

よしが、この子供達一人ひとりをいかに大切に育てたかは、「佐治清子の追憶」を読めば分かるが、また子供達を真に一己《いっこ》の人間としてどんなに尊重したかということが、入江薫の述懐からもうかがえる。

東本に住み込んだ入江薫が小学校三年生の時であった。当時、東本からは大勢の子供が近くの外手小学校に通っていたが、友達から「お前ら、孤児院の子供だ」とよく言われた。どうしてだときくと、お前らはカバンがないじゃないかと言う。その頃の東本の子供たちはみんな風呂敷に教科書を包んで通っていた。入江薫はカバンさえあれば、孤児院の子と言われないで済むと思い、背広をいつもパリッと着こなして参拝する叔父が東本にやって来た時、岡田省三と二人でせがんで、ズックの肩掛けカバンを買ってもらったのである。

その日、二人は大切に枕元にかざって寝た。ほかの子供たちが大騒ぎをして、

「いいなあ、いいなあ、ちょっと触らせてよ」

と羨《うらや》ましがる。

翌朝、嬉《うれ》しくてたまらない入江と岡田は、少し早目に教会を出ようと、カバンを肩に掛け門の所まで来た時、会長室にいるよしに見つかった。当時の東本の会長室というのは、拝殿も炊事場も玄関も一度に見渡せるような絶好の場所に作ってあった。

「薫さん、省ちゃん」

と、よしが大声で呼ぶので、側《そば》に行くと、

「そのカバンはどうしたんだい」

ときかれたので、事情を説明した。

するとよしは門の方を指さした。そこには次々と登校して行く東本の子供たちの姿があった。

「ね、二人ともあれを見てごらん。東本の子供たちはみんなカバンを持ってないんだよ。みんな風呂敷だろ。薫さんと省ちゃんだけがカバンを持ってごらん。みんながどんなに羨ましがるか分からないよ。ね、みんなと同じにしてあげてね。会長さんは、大事なカバンを取るんじゃないよ。預かるんだからね。ちゃんと返すからね。ね、分かったね」

よしは、九歳の子供によく分かるように話してやってから、

「春子！　春子！」

と「おねえさま」を呼んで、風呂敷を出させた。

そうして三年あまりが過ぎ、入江薫は小学校を卒業して本芝へ帰ることになった。その時、よしは入江を会長室に招く。

「今日は、預かったカバンを返すからね」

そう言って、よしは入江に真新しいズックの肩掛けカバンを渡した。入江は何のことかさっぱり分からなかった。彼は三年前のカバンのことをすっか

り忘れていたのだ。キョトンとしている彼を見て、よしは、

「忘れちゃったのかい」

と言って、ニコニコ笑っている。相当あとになってから、入江はようやく思い出すのだ。

そのカバンは元のものではなかった。東本は二人から預かったカバンをそのまま倉庫にしまって置くようなのんびりした教会ではなかった。また、中学生になる子供に、小学生用のカバンを返すような、そんなよしではなかった。幅がずっと広くて大きい中学生用のカバンであった。

そのほかに、よしは、

「この二十円は本代だよ。手に持ってちゃ、いけないから、着物をおぬぎ」

と、入江の帯を解いて、肌につけてやった。

わずか九歳の子供との約束を、その当人が全く忘れてしまっているにもかかわらず、目の回るほど多忙のよしが、ちゃんと覚えており、おろそかにしなかったということは、一つの驚きである。

子供たちは、たすけ一条の香りのプンプンする教会の中で、中川よしとい

う慈母に見守られ、不自由の中を明るく元気に育って行ったのだった。この子供たちが成人した後、ほとんど教会長となり、道の上に大きな働きをするのである。

日常是布教

明治四十一年十一月二十七日、「書面願之趣許可ス」と時の内務大臣平田東助より、天理教一派独立の認可がおりる。このたった八文字を得るために、明治三十二年から粒々辛苦の十年がかかったのである。

当時の信者達の喜び、わけてもその衝に当たっていた人達の歓喜は筆舌に尽くし難かった。ただちに大祝賀会が、四谷の「小川」という料亭において開催されることになった。

招待された人々は喜々として「小川」に繰りこむ。無論、よしも一席を設けられていた。ご馳走《ちそう》が運ばれ盃《さかずき》が八方に乱れ飛ぶ。人々は満面に喜びをたたえ、賑《にぎ》やかに談笑する。しかし、よしは黙然としたまま、ニコリともしなかった。

やがて芸者衆が裾《すそ》をひいて姿をあらわすと、三味線がなまめかしい音を上げはじめる。するとよしは、席を立って、上席にいる松村吉太郎の側《そば》に行くと、

「一体、この有様は何事でございます」

と、厳しい口調で詰め寄った。

「先生方のご苦労は並大抵のことでなかったということはよく承知いたしております。しかし、今日の喜びに至ったのも、みんな信者さんさきざきのご苦労が積もり重なったからでございましょう。それなのに、こうして私達ばかりがドンチャン騒ぎをして、それで相済むとお考えでございますか。勝って兜《かぶと》の緒をしめよ、とはここのことでございます。芸者などとは、もっての外の沙汰です。さあ今すぐにも引き取らせて下さいませ」

夢中になって畳を叩《たた》いて言うよしの顔にテコでも動かぬ信念を見て、

「ヨシヨシ、お前の言うことはよくわかった」

松村はすぐさま盃を伏せ、

「さあさあ、もういい。芸妓衆は引き取ってくれ」

とせき立て追い立ててしまった。この有様を見ていた一同の者は、せっかくの酔いも一度にさめてしまって、呆然《ぼうぜん》として顔を見合わせた。よしの筋金入りのたすけ一条の精神と松村の途方もない度量の広さ――この逸話から様々なことが考えられてならぬ。

おたすけに多忙なよしは、風呂なども大抵終《しま》い湯に入るのが習慣だった。これはおぢば帰りをした時も変わらなかった。

ある時、高安の詰所で、よしが常の如く、しまい風呂に入っていると、ちょうど通りかかった松村吉太郎が、たまたまこれを発見した。

事務所へ行った松村は大声で、

「オイ、芦田！　芦田はおらんかッ！」

と怒鳴った。

松村の見幕に驚いた役員の芦田松次郎は、一体何事なのかと伺うと、

「お前には、眼はないのか、眼はッ！」

「ハイ、ご覧の通り眼は二つ揃《そろ》うておりますが――」

「眼があるなら、なぜ、およしをしまい風呂なんかに入れるのだ。何のためにここに座っているのだ。およしをさて置いて、信者を先に湯に入れる奴があるか。そのくらいの監督が届かんで、何になるッ！」

こうなると、さすがの芦田松次郎も胸が煮え返った。何も、わざわざしまい風呂に入れと、よしに命令したわけではない。勝手にしまい風呂に入っているのに、それを会長に叱《しか》られた。ここにおいて芦田は憤然とする。

「およしさんは、どこにいるッ！」

今度は芦田の見幕がひと通りでなかった。よしは、芦田が大声で呼んでいると聞いて、何事だろうと飛んで来た。

「お前さんがしまい風呂に入るので、会長さんから、私はえらいお叱りを受けましたぞ。これからは必ず初風呂に入るんですぞッ！　分かりましたかッ！」

と怒鳴りつけた。よしはしばらく沈黙して聞いていたが、芦田の気持ちの少しおさまるのを待って、

「お叱りは、ごもっともでございますが、しかし、先生――」

と静かな口調ではあるが、満ちあふれる信念のこもった声で、

「信者は、いわば子供でございます。それなのに子供をさし置いて、先に風呂に入る母親が、どこにございましょうか」

と言った。芦田はこの言葉にグッとつまった。しかし負けてはいられない。

「親が子を可愛《かわい》がるのは、それは私情に過ぎんではないか。おぢばはお道の道場だ。ここに来た以上は、お道の上の理に従わねばならん。勝手な私事《わたくしごと》を言ってはいかん。それが仕込みというものだッ！」――

芦田松次郎の話は、それからも長々と続いたが、よしはそれ以後一言も口に出さず、頭を垂れて聞いていた。そして最後に、

「結構なお仕込みを頂きまして、ありがとうございます」

と深いお辞儀をして引きさがった。芦田に叱られて、一度くらいは平常の時間に入ったかもしれぬ。しかしその後も、よしのしまい風呂は続いた。

　当時の東京市立駒込伝染病院長夫人宮本菊子が、初めておぢば帰り団体に参加した時の模様を、明山丑之助著『夢の生涯』の中で、次のように思い出

として語っている。

「大正十年五月のおぢばがえりの時でございました。早朝にまず東本へ参集、神様へおつとめを済まし、お昼におむすびをいただいてから、大勢のかたと一緒に出発いたしました。

車中、はじめのうちは一同行儀よくいたしておったのでありますが、汽車が国府津《こうづ》、山北にさしかかる頃になると、そろそろ疲労と倦怠《けんたい》を感じ出し、姿勢はくずれるやら、いねむりが始まるやらで、だんだん皆様の行儀が悪くなって参りました。

会長様（注、中川よし）には、すでに出発までに並大抵でないご心労でございましょうに、終始一睡もとろうとされず、列車の一号車から終号車まで、ひんぱんに見廻られ、目をさましている人々には、それぞれニコニコとほほえまれて、『ようこそお帰り下さいました。ご苦労様です』といちいち挨拶《あいさつ》をなさいました。お子様づれの方々へは何くれとなく注意をされ、眠っている人は掛ける物でも剝《は》がしていると、これをソッと掛けてあげたりなさいました。こういう風に、形の上にあらわれたご配慮だけでも、勿体《もったい》ないことながら、列車ボーイでもかくは行き届くまい、と思わせていただく位でございました。これ程のご心配にもかかわらず、会長様にはいささかのご疲労の様子もなく、いつもニコニコとあたたかく、また犯し難いまなざしをもって、多くの人々を率いて行かれた態度のご立派さには、思わず襟を正さしむるものがございました。このようなお方を会長に頂く東本についた私自身の幸福をこの上もなく喜ばしく感じた次第でございました。

詰所へ到着してからも、会長様のご多忙な事は目も廻るばかりで、庶務、会計、別席等の世話、その他面会の方々に応接せねばならぬなど、寸暇もなくお働きづめの有様でございました。心身ともにどれほどお疲れの事であろう、と心配させていただきましたのでございましたが、案に相違いたしまして、会長様には常にも増してのお元気でございます。神様のお膝元《ひざもと》におかえり遊ばしたというおよろこびが、お身体の隅々に満ち溢《あふ》れんばかりの輝かしいお姿を拝見させていただいて、私共一同としても、歓《よろこ》びが心の真底からこみあげてくるように思われたのでございます。

おぢばへ到着しました日の午前中の出来事でございました。詰所の廊下に、

紙屑《くず》籠が備えてあったのですが、会長様はふとその紙屑籠の中をご覧になり、

『ああ申し訳ない』

と、独り言をもらされ、白紙でくしゃくしゃに包まれた物を拾いあげられ、手の甲で両眼をソッと拭われました。ご様子に不審を抱いた私が、何でございましょうか、とお伺い立ていたしますと、いいえ、何でもございません、とお答えになったのみでございまして、その場はそれで済んだのでございます。しばらくたって、正午近くになりますと、会長様には小さな鍋を持って部屋に帰ってこられまして、それを火鉢にかけ、何かぐつぐつと煮ていられますので、側のお方が、何でございますかとお尋ね申し上げられました。すると、どなたがお入れになったかは存じませねど、屑籠の中に出発時のおむすびの食べ残しが棄《す》ててありますのを先刻拾いあげたのでございます。自分の子供の中に、このように勿体ない事のわからぬ方があるかと思うと神様に対し、何とも申し訳がございませんので、私が洗ってお粥《かゆ》にしていただこうと思い、只今《ただいま》それを煮ているのでございます、とおおせられました。それを伺った側の方は、このお言葉に深く感じ入り、てんでにお詫《わ》びを申し上げ、

どうか私にもそのお粥をいただかせて下さいとお願いして、それぞれわけて頂戴《ちょうだい》いたしたような次第でございます。お教会のおにぎりは神様にお供えをしたお米でできたものでございまして、いわば誠の固りのようなものでございます、と会長様はその折申し聞かされましたが、屑籠の中をじっと眺められて、そっと涙を拭われたお姿が、今日に至りましても、何とも申しようのない気高さで、アリアリと思い返されるのでございます。

これは誰とて知らぬ者はない程の周知の事柄でございますが、この団参中にも、会長様がご入浴遊ばされるのは、きまって夜十二時過ぎでございまして、働いて下さる方々に先に入って頂きましょう、とおおせられ、役員の皆様、信者の方々が済んでしまわれた一番あとにご入浴になるのが常でございました。私も初めておぢばに帰らせて頂きました事ゆえ、何でも会長様を見習わせていただこうと、こう存じまして、お風呂などもご一緒にいれて頂く事にしましたが、まったく驚《ばん》きいってしまいました。現在の新詰所では設備も完備し、かような事は万ございますまいが、その当時は、浴槽中には垢《あか》が一杯に浮かんで、まるでドロドロですし、おまけに膝のあたりまでしかお湯がございませなんだ。これでは垢を流しに入るのやら、身体を汚しに入るのやらわからない程でございます。

それなのに、どうでございましょう。会長様はそのような事には何の屈託もなく、さも気持ちよさそうに入浴しておられます。会長様が平気でいられるのに、私如きが文句を申し上げるわけにもゆかず、よんどころなくドロドロの湯の中に身体を沈めました。入浴中も会長様には、さアさアと申され、後から背中を流して下さるやら、お話をして下さるやらで、本当に恐縮してしまいました。最初気味悪く思いながら入浴いたした罰でございましょうか。翌日から私の手足にボツボツと斑点《はんてん》があらわれ、発疹のご意見をいただいたのでございます。それにひきかえ、会長様には発疹どころか、その皮膚の表はいつも輝くほどにつやつやとしていられました。この時、私はしみじみ神様のお働きを感じさせて頂いたような次第でございました」

このように、よしの側にいる者は、身をもって感化を受けた。だれもが大きな感銘を受けざるを得なかった。

この風呂の事について、宮本菊子の二男で憩《いこい》の家病院に勤めていた丹治《たじみ》汪《ひろし》医学博士は、こう述べている。

「亡母が初代様から背中まで流して頂き、終い風呂を心の中ではどんなに不潔がっていたか、それは父が伝染病の医者であり、特に子供が多く、常にきびしく清潔については母を教育しておりました事から、初代様とご一緒に垢の一杯浮いた湯にひたったその時の母の、内心困惑し切った面影を、子供であり、しかも亡父と同じ伝染病専門の医者である小生には、むしろほほえましくさえ偲《しの》ばれ、それと同時に初代様のあのただひたすらに親神様、教祖を信じきられた全く形容しようもないお顔が浮かんで参ります。垢も、どろどろの終い風呂の湯も、また細菌もすべては親神様のお道具である事を、自然科学者の小生には感ぜざるを得ません」

おぢば帰りの夜、詰所でみなが寝静まった頃、よしは裾をからげて、よく便所掃除をした。よしは既にまるで生き神様のように敬われ、夜も寝る間もない程の多忙の中である。便所に起きた者がびっくりした。

「まあ、会長様、申し訳ございません。会長様に私達の使う便所を掃除させては申し訳がありません。どうか私達にさせて下さいませ」

と言うと、

「いいよ、いいよ。あなた方は疲れていなさるだろうから、ゆっくりおやすみ。子供が汚したものを親が掃除するのは当たり前のことです」

と、真から当たり前のように掃除をするのだった。

本板橋《ほんいたばし》分教会長の大沢やゑ子が二十歳の時、一月の大祭に団体で初めておぢば帰りをした。彼女は友人と二人で、明日は、だれも来ない早朝に神様に参拝しましょうと約束した。四時前に神殿に行ってみると、広い礼拝場に一人だけ参拝している人がいる。素足のまま、厳しい寒さなのに襟巻もつけず、その人は神前にひれ伏している。まあ、こんな早くに、だれだろうと側へ行ってみると、それがよしだったのである。

「とっても驚きました。何て偉いお方なのかな、と友達と話し合いました」

と、やゑ子は語っている。

また芦田義宣《よしのぶ》（高安大教会筆頭役員）が青年の頃、ある問題で大変悩んだ。丁度よしがその日、東本の団体で到着することになっていた。

よしに、相談がありますと言うと、夜に部屋に来るようにと言われて、芦田義宣は指定された時間に部屋に尋ねる。よしはいなかった。

待ちながら、ふと見ると、隣との境の襖《ふすま》が少し開いている。隣は大広間になっていて、東本の信者達が寝ているのだ。何気なく見ると、よしは信者達のはいだふとんをかけて歩いている。それは実の母親が寝相の悪い子供の面倒を見る趣きがあった。すると、まだ目覚めていたのであろう信者が起き上がり、ふとんの上に正座してよしの方に向かい、合掌して拝んだ。それは何かの聖画を見るような気持ちがしたと芦田義宣は語っている。

よしの日常生活は即おたすけであった。日々の行動がおたすけそのものであった。ここからここまでが布教で、あとは私生活という線引きのできない生涯だった。

よしの生涯は教祖を慕い、そのひながたの何万分の一でも歩ませて頂きたいと願う生涯だった。おぢばの神殿や教祖殿に参拝する時は、一時間でも二時間でもひれ伏したまま、立とうとしなかった。豊田山のお墓地に参る時は、ある時は厳冬の寒風にさらされながら、ある時は炎天の中、全身から流れ出すリンリたる汗を拭おうともせず、ジリジリと焦げるような暑熱のただ中で土下座してぬかずき、いつまでも動こうとしなかった。お伴《とも》の役員達は、よしを置いて去るわけにはいかず、全く弱り果てたということである。

よしは常に自分は教祖のお伴をして、道を歩ませて頂かねばならぬという信念を持っていた。

ある時、東京の向島《むこうじま》のあたりを歩いていた折、その頃流行していた相乗りの人力車の車夫が、「相乗りはいかがですか」と呼びかけた。

よしは、教会へ帰って、

「私が一人で歩いていたのに、車夫が相乗りをすすめてくれたのは、御教《ごきょう》祖《そ》おやさまと私の二人連れと思ったのでしょう。誠にありがたいことでございました」

と皆に語り、歓喜の涙にむせんだ。

よしは言っている。

「もし、これまでに爪の垢ほどでも私の力でなし得たものがあると致しますと、それは全く、神様のおめぐみか、先輩諸先生方の一方ならぬお引き立てによるものでございます。常々より不肖な私ではございますが、せめて御教祖様の何万分の一の御足跡でも踏ませて頂きたい、と思わせて頂いております。けれども心でそう思うばかりで、一向に実行がこれに伴わない有様でして、深く深く、日々お詫び申しておるような次第でございます。かような数ならぬ者を、皆様はなんと思召《おぼしめ》してか格別にお引き立て下さいまして、こうして日々を欠かすことなく、働き通しに働かせて頂くということは、なんという果報な私でございましょう」

「ありがたいことに、私のお話を素直に受け取って頂いた方々が、先から先へと一致団結して布教に進んで下さいます。和合を欠いた家庭は和気あいあいとなって頂く。怠けていた人は料見を改めて働いて下さる。病人はもとの健康に復してもらう、といったあんばいに、だれも彼もたすかって行かれるのでありますから、ただもう私は嬉《うれ》しくて嬉しくて、私自身がたすかるよりも人様にたすかって頂く方が、幾層倍嬉しいか分かりませんなんだ。こういう風でございますから、私は毎日嬉しづくめで暮らさせて頂いております」

また長男庫吉（東本二代会長）は、こう述べている。

「私の母は、どんな人であっても、これは駄目だとかいけないと言って、捨てるようなことは決してされなかったように思います。どんな人でもご教理によって良い人物に仕上げられた点は、いつも感心する外はなかったのでありります。その当時、相当仕込んであった人には、特にきつく叱ったようでありまして、その当時、会長に叱られたならば、その叱られた人は受けるだけの精神が出来たからお叱り下さるのだ、といって本人は喜び、また他の人達は、その人を羨《うらや》ましがったものであります。かえって、たまにほめられでもしようものなら、その人は悲観したくらいであります。すなわちまだ精神が出来ていないから、会長様がお仕込み下さらない、と思ったのであります。そうした人々を見ますと、前会長から厳しく叱られた人々は、みな立派な教会長になっておられますが、反対にほめられた人々は出直しをしたり、また教会が振るわないのであります」

身上のお返し

高安大教会の神殿において教祖四十年祭の青年会婦人会連合講習会が行われたのが、大正十年八月二十日から二十二日までの三日間であった。よしは、この年の七月頃から身体の不調をおぼえていた。この頃には相当身体が大儀のようで、代理を差し向けようかと、側《そば》の者に洩《も》らしたくらいであった。

しかし、よしは結局出席した。講習中は高熱におかされて、実に苦しかった。おぢばの月次祭を終え、月末に東京へ帰ったよしは、九月一日、遂《つい》に病床に伏すことになった。

病名は胃癌《がん》であった。よしは、この度の身上について深く悟るところがあった。

九月五日に近親者をすべて呼びよせて、

「私は、今度、身上のお返し（出直し）だと思います。皆さんも私をたすけようと思って、決して神様に無理なお願いをして下さるな。私は今、五十三歳です。これで出直すとすれば、若死にのように思います。しかし丹波で、お母様の命をたすけて頂くために、私の寿命を半分に切りつめて、お母様の寿命をあと二十年延ばして頂きたいとお願いしました。神様は、この願いをお聞き届け下さって、お母様はきっかり二十年、寿命を延ばして下さいました。だから、私が今身上をお返ししても、五十三歳で出直したと思ってはいけません。本当は、それだけでも七十三歳まで生かせて頂いたのです。皆さんはこれをよく承知して、決してご無理をお願いしないように——」

と申し渡した。皆は驚愕《きょうがく》した。よしは丹波から上京以来、一日たりとも寝たことはなかった。健康そのもののよしが初めて病床についたら、この宣言である。よしは早くも自己のこの世における終焉《しゅうえん》を予告したのであった。病気が胃癌と判明したのは、もう少し後のことである。

このことについて、本三宿《ほんみしゅく》分教会長坂野さくは、次のように話している。

「ある時、亡くなられる五、六年前でしたか、会長様がおっしゃいました。

私がもし病気しても、決して神様にお願いしてはいけないよ。私はね、自分の生命を切りつぎ切りつぎお願いをして、随分たくさんの人様にたすかって頂いたんだよ。この間勘定したら、もう私は三百五十何歳になっている。そんなのが厚かましく生きているんだからね」

夫の弥吉をはじめ、だれも彼もが必死になって、よしの平癒を祈った。

（この会長様を、神様が死なせなさるものか。どうぞ、このわが身に代えてでも――）

と、一同の者は断食に水垢離《ごり》に、真剣に願った。だが、病気は徐々に重くなった。

よしにとって信者の顔が見られないことは、何にも増して辛《つら》かった。ふしん場の様々な音や声が聞こえて来る。よしは、その信者たちの声を、誰彼と聞き分けていた。信者たちも会長さんのお顔を見、声を聞きたかった。しかし面会謝絶で、それはできなかった。

よしは病床で、十二下りのお歌を良い声でうたった。

看病は本芝の信者で看護婦の経験のあった泉そと（本盤《ほんいわ》分教会前会長）が

あたった。

よしは佐津川や古川やその他の弟子達を、かわるがわる病床に招いた。そして、

「教祖のお話をきかしておくれ」

というのだった。

「……その年に、夫善兵衛様はお出直しとなりまして、それから教祖は、いよいよどん底の日々をお通り下されたのでございます。月の光で糸つむぎをなさったり……」

語りはじめるかはじめないかに、もうよしの目は涙でいっぱいになった。

「申し訳ありません、申し訳ありません。ありがとうございます、ありがとうございます」

と、涙声でそれだけを繰り返した。

年を越して、大正十一年二月の節分の日、いつものように夕勤めの東本の拝殿は人で埋まっていた。よしは前年の九月の身上から、ほとんど拝殿に出たことがなかった。しかし思いがけなく、この節分の夜の夕勤めには参拝に

出た。

おつとめがすむと、参拝者全員がおヒネリの年越豆を頂くのである。よしは藤椅子によって、教祖殿側の上段近くに座っていた。

少し面やつれはしていたが、よしは上機嫌であった。床についている間、

「信者さんの顔が見たい。信者さんの顔が見られないのが一番淋《さび》しい」

と言い通していたが、ようやく念願かなって、みなの前に出ることができた。よしの顔には喜びが溢《あふ》れていた。

役員は、年越豆を信者たちに配る前に、まずよしに捧《ささ》げた。

「会長様、どうぞ」

「私にもですか。申し訳ありませんね」

といって、わずかに椅子をにじらせた。

その時である。大勢の信者の中から、一人の人が突然、精一杯の声をふるわせて、

「会長さーん！」

と叫んで、「わあーっ」と泣き出した。すると、あちらからも、こちらから

も、

「会長さーん！」

「会長さーん！」

わめくような、悲鳴のような声があがった。そしてついに、拝殿一杯の信者が、みな子供のようにオイオイと泣き出した。大の男も、勝気な下町のおばさんも、

「会長さん！」

「会長さん！」

と叫んで泣いた。見栄《みえ》も外聞もなく、赤子のようによしを慕って泣いた。身上以来、案じつづけ、慕いつづけた会長の顔を見たのだ。よしも、ハンカチを顔に押しあてて泣いていた。そうしてよしは、信者一人々々に豆のおヒネリを手渡したのである。

この時が、一般信者がよしに会えた最後の日であった。

臨終も近い頃になって、よしは突然、月島に行くと言った。月島の本月宣《ほんつき》教所は、後継者の庫吉・富恵夫妻が苦労していた。春子は、母の身体を気づ

かって月島行きを差し止めたが、

「私が月島に行くのは、庫吉が苦労した跡を見に行くためです」

と言ってきかなかった。

よしが本月でやすむ家は、その日の朝、声がかかって、その日の夜半になる前に出来上がった。大工達に至るまで、この会長のためならばと、常々念じていたので、二階建ての相当な家がわずか九時間で出来上がった。一心というのは恐ろしいものである。

よしは自動車でソロソロと月島へ運ばれ、本月の神前で礼拝をした。その時、

「神様！　私は本当に親不孝者でございまして、申し訳ございません」

と大変おわびをした。側で聞いていた者たちは、今さら胸を打たれた。

（この会長様が、こんなに親不孝のおわびをなさるようでは、自分たちはどんなに親不孝のおわびをしたらよいのかわからぬ）

と思った。

部屋に入ったよしは、三月というまだ寒い時なのに、窓をあけておくれ、

と言い、海の方に向かって手を合わせた。海はおぢばの方角に開けていた。そして、

「ああ、ありがたいなあ」

と言った。それから澄みきった美しい声で、

「こゝはこのよのごくらくや　わしもはや〳〵まゐりたい」

と楽しそうにうたうのであった。そして、両手をついて、

「ありがとうございます」

とお礼をして、ふとんに入った。

　臨終の二時間程前に、よしは長男庫吉を枕辺に呼んだ。

「庫吉や、今まで、お前をむごたらしいほど仕込んだのは、将来の東本の責任者に仕立てるためでした。今までの私のきつい仕込みを恨まないで、許しておくれ」

といって、涙をこぼした。よしが庫吉に対して示した初めての母情だった。子供が可愛《かわい》ければ可愛いだけ、よしは反対に厳しく当たって来た。わが子としてではなく、道の子として育ててきた。いんねんを切ってやらねばならぬ、

どんなおたすけでもさせて頂けるだけの徳を積ましてやらねばならぬ。そう思って、よしは自分に鞭《むち》打って来た。しかし、今やもう、その必要はないのだ。

「……役員の皆様を道の親同様に思い、信者の皆様は教会の生命ですから、真心をもって尽くさして頂かなければいけないよ」

今まで庫吉の聞いたことのないような、やさしいやさしい言葉だった。

「お母様、肝に銘じさせて頂きます」

と庫吉も大粒の涙をこぼしながら、今さらのように偉大な母を見た。

かくて中川よしは、大正十一年三月二十二日午前四時四十一分、その波瀾《はらん》重畳の生涯を静かに閉じたのである。享年五十四歳。

よしの身上の迫った中を、お運び中の二十四カ所の教会は、おぢばにおいて訃報に接する。特別のお計らいによって、三月二十三日付でお許しを頂いた新会長たちは、飛ぶようにして東京へ帰ってくる。そして拝殿の横に安置されたよしの棺に向かって、

「会長さま！　ただ今、帰りました！」

と、生ける人にものを言うがごとく、みな一斉に叫んで泣いた。

葬儀は三月二十五日、松村吉太郎斎主のもとに行われた。

葬列は、先頭が吾妻橋を越えても、後尾はまだ東本を出切らなかった。一同は延々二里の道を、寒風の中、慕わしい会長のなきがらを染井墓地に葬るために、黙々とひたすら歩いた。

II

II

十五秒の名講演

明治四十三年一月二十八日、天理教婦人会が設立された。明けて一年後の明治四十四年一月二十七日、春季大祭の翌日には、晴れてその第一回総会が執行された。

この日は寒さあくまで厳しく、どんよりと曇った空は、雪の予感をはらんでいた。しかし、この日を胸おどらせて待ち望み、全国から馳《は》せ参じた婦人会員たちは、勇みに勇んで凍《い》てついた道を踏みしめ、まだ夜の残る早朝の四時、五時ごろから引きもきらず会場入口に詰めかけた。皆いちように黒の木綿紋付に白襟、それぞれに婦人会員章をつけ、身を切る寒さの中、ある種の緊張とみなぎる喜びに包まれて、場外に立ったまま、開場を待ちわびていた。

八時三十分、おぢばの中天に轟然《ごうぜん》と鳴りひびく号砲を合図に、詰めかけた会員は続々と入場した。場内はたちまち立錐の余地なきまで、姿勢を正して立つ会員に埋められた。このころの道のこと、無論椅子席ではなかった。その数約一万人。場所は当時の別席場前広場、今の御用場の東側一帯である。

会場には正面に一段高く式場を設け、縦三十余間、横四十間の広場の周囲は板塀でかこまれていた。一段高い式場から見おろすと、黒一色の中に丸髷《まげ》や束髪や銀杏《いちょう》返しの女性の顔が豆を一面に敷きつめたように見えた。こうして人々は午前十時を待った。

やがて天理教婦人会長中山たまへ様が役員、支部長、委員部長を従えて着席される。

定刻十時、一分も違《たが》えず開会である。開会の辞は梅谷四郎兵衛顧問が述べた。次いで国歌「君が代」斉唱。翌日の大阪朝日新聞には、この時の様子が次のごとく記されている。

「開会の辞に次いで一同の君が代合唱がある。何しろ此《こ》の大勢が一斉に絞り出すのだから堪《たま》らない。天に響き地に轟《とどろ》くと云《い》ふ有様」

次に婦人会長中山たまへ様が告辞を朗読された。

「茲《ここ》に本日天理教婦人会第一回総会を開くに当り、親しく各地の我同教の諸姉と此の霊地に会するを得たるは欣幸《きんこう》に堪へざる所なり。諸姉夫《そ》れ本会の主旨を体し協力一致益々本会の発展の為《た》めに尽瘁《じんすい》せられんことを望む」

そして、会務報告書（明治四十三年末会員統計表と会計報告書を一枚の紙に印刷したもの。ちなみに、この時の会員数は三五、五一四人である）を全員に配布、次いで常議員推挙、本部員総代増野正兵衛の祝辞をはじめとする四つの祝辞、婦人会員総代増井りんによる次のような答辞があった。

「神明の加護と教祖の鴻徳《こうとく》により本会創立以来僅《わず》かに一歳、幸ひに今日の隆盛を見るに至り爰《ここ》に斯《か》く盛《さかん》なる第一回総会を開催するを得たるは至大の光栄なり、会長の告辞、来賓諸君の祝辞により今我等は多大の教訓と深大なる勇気とを得たり、冀《ねがわ》くは益々教祖の垂訓に基き会長の命に従ひ来賓諸君の意を体して天理教婦人の一生面を開き斯道《しどう》の為更に進んで努力活動せんことを誓ひ以《もっ》て答辞とす」

それらの時の模様を大阪朝日は、

「其の度毎に大集団の頭は一々叮寧《ていねい》に下げられる。其の衣ずれの音だけでも遠く波の揺れるが如くに聞える」

と記述している。また大阪毎日新聞の婦人記者は、

「此厳寒に而《し》かも此野天の会場に四時五時より屹立《きつりつ》したまま身動き一つだにならぬ窮屈さにも拘《かかわ》らず一万余人の顔には誰一人不平不満の色も見えず始終微笑を湛《たた》へられ異口同音にて『結構でございます』『結構な事や』と会長の挨拶《あいさつ》、理事の報告、祝辞などの終る毎にパチパチと拍手をして伏拝《ふしおが》む有様は教祖を崇《あが》める真情が現われて見えた」

と書いている。

これを見ても、当時の婦人会員たちの張りつめた精神や勇んだ態度が手にとるようにわかる。

そうして、特に選抜された六十名の唱歌隊がオルガンに合わせて天理唱歌「広き世界にありとある、人もけものも草も木も……」を歌って、十一時に第一回総会は終わった。

その後、音楽、浪花節、踊り、琵琶《びわ》歌、花火の打ち揚げなど、各支部からの出しものでにぎわった。

当日出席した会員一同には記念扇子と記念菓子が渡された。扇子は初代真柱様から婦人会に寄せられたお歌、

「岩よりもかたきまこゝろむすびあいて
みちにつくせや　この道の人」

の直筆の文字を印刷したものであった。

その日は午後一時から同じ会場で講演会が開催された。講師、演題は次の通りである。

人の心　高知支部　蒲原初恵子
天理教の発展　芦津支部　秋岡のぶ子
まこと　堺支部　磯部とよ子
梅花にならへ　東支部　高野さと子
口と心と行《おこない》　敷島支部　中西ゑい子
世界の柱　高安支部　中川よし子
神の恩《おん》寵《ちょう》　甲賀支部　植松田鶴子
おとりつぎ　郡山支部　山瀬きよ子

やまひのもとは心から　敷島支部　東　ひさ子
神　の　守　護　東支部　輪島あさ子
挨　　　　　拶　郡山支部　堤　豊賀子
たすけ一条　山名支部　小倉みよ子
協　力　同　心　本　部　増井りん子

以上、十三名の講師であった。

中川よしは当時、高安大教会の部内の南分教会の部内の東本分教会長であったが、高安大教会から、光栄ある第一回総会をかざる講演会の弁者に選ばれた。常に理を立てきり、常に精いっぱい理の親へのご奉公を願って勤めきっていたよしである。いかにもったいなく、ありがたくこのご用をお受けしたか、想像に難くない。よしのことであるから、私のような届かぬ者が、そんな大切なご用をつとめさせて頂くなど、とてもできない、申し訳ないことであると思ったに違いない。だがしかし、最上級の会長様みずからのご指名とあれば、よしはその一言で「ハイ」と受けたであろう。

婦人会総会での記念講演は無論初めてのことでもあり、慎重に準備がなされて、前日の午後四時からは練習があった。練習の指導には婦人会顧問の本部員松村吉太郎が当たった。

よしの演題は「世界の柱」となっている。今となっては、よしが、ここで、どのようなことを大勢の聴衆に訴えたかったのかは知る由もない。

当時東本分教会にあっては、海外布教が、ようやくその途につき始めていた。道の者は、あらきとうりょうとして道の未開地に堂々と布教の歩みを進めて、世界の柱にならねばならぬと言いたかったのだろうか。おそらく松村吉太郎は、よしの原稿にも目を通し手を加えていたであろうから、スケールの大きな話になっていたことは推察できる。よしは松村の見ている前で真剣に練習した。松村から口調と言葉遣いについてのいくつかの注意と助言をもらったかも知れぬ。

そうして翌日の講演会で、よしは六番目の講演者として演壇に立った。既によしは、五人の講演者たちの血涙をふりしぼるような話を聞いて、無上の感動のただ中にあった。

幸いなことに雪にはならなかった。が、凍る大気の中に、見渡す限りの大聴衆がいた。彼女らは真剣そのものの目つきで、身動きもならず、ただひたすらに立ち続けていた。立錐の余地なき聴衆と、その真剣で喜び勇んだ彼女らの顔、顔、顔が、ばらまいた豆粒のように見えた時、よしは教祖五十年のひながたを思った。一瞬、よしは昨日懸命に練習した、予定の言葉を忘れた。というより予定にない次のような言葉が自然に口をついて出た。

「今日、かように大勢の皆様がお集まり下さった有様を、御教祖《ごきょうそ》おやさまは、どんなにお喜び下さっていることでしょう」

よしは、やや早口で言った。一気に胸にこみ上げてくるものがあった。

「おやさまのご苦労をお聞きするだけでも……」

ようやくそこまで言うと、もうあとの言葉が出なかった。よしは講師である立場を忘れて、こらえきれずに泣いた。もう次の言葉が出るか、何とか言うかと思っても、いつまでたっても、涙また涙で、さらに言葉がない。そのうち聴衆のあちこちから、すすり泣く声が聞こえ出した。と思うと、次から次にすすり泣きの声は拡《ひろ》がり、ついに会場に集まっていた大群衆が一人残らず泣き出した。よしの教祖ひながたを目指して捨て身真剣に歩んでいるその真実の心と、聴衆の教祖への思慕の心が、見事に一致したのである。当時の道の人々には、それほど教祖のご苦労が身にしみて感じられたのだ。それを、よしの一言が皆の胸に鮮やかによみがえらせたのである。よしの日ごろの実践が、聞く者の胸から胸へ無言のうちに通じたのである。よしの講演は、それきりで終わった。しかし、これほど感銘深い講演は、いまだかつてなかった。

これは、今もって天理教きっての名講演として語り継がれている。話者と聴衆が一体となって、天理教の歴史に残るわずか十五秒の、名講演がつくられた稀有《けう》の例である。

もちろん、よしの講演だけが素晴らしいのではなかった。大阪毎日新聞は講演会の模様を次のように伝えている。

「……顔も風采も皆おのおの一様ではないが、一人々々のテーブルを前に説き出づる言葉は、皆熱心溢《あふ》るるばかり、『親さまが五十年来私共の為にお説き下さったのは誠の心といふ一言に尽きるのでございます』と云ひ、『然《そ》うして御地場に帰らして戴いて皆様にお目にかかるのも皆親さまのお蔭なのでございます』又『親さまをお手本として家庭内では申す迄《まで》もなく近所隣の人達にもどうぞ善いお手本をお示し下さいまし』『口と心と行と皆一列に同じように現わしてこそ親さまのお心にもかなひ人よりも成程《なるほど》天理教の信徒やなアと云われるのでございます』と、十数名の質朴な婦人方が代る代る説き出でて、中には教祖美伎子の艱難《かんなん》辛苦を説いて『聞きます丈《だ》けでも本当に堪へられません』と弁者先《ま》づ泣き聴者斉《ひと》しく涙を押拭ふ有様は、天理教信徒ならぬ記者までも其熱誠に動かされた……」

秘密訓令、その後

この話は、今から八十余年前、つまり教祖十年祭の頃から始まる。

教祖十年祭は明治二十九年三月九日（陰暦正月二十五日）に執行された。五年前の教祖五年祭の時と比較して、爆発的と形容してよいくらい教勢の進展があった。当時まさに道は燎原《りょうげん》の火のごとき勢いで伸びていた。おたすけ人たちの意気はいやが上にも高く、天を衝《つ》かんばかりの勢いで、この教祖十年祭を契機にして、また一段と教勢は伸展するかに見えた。たすけ一条の前には、まさしく向かう所敵なしの状態で、当時の人々は今に世界中が道になるとの確信に燃えていたであろう。ちなみに教祖十年祭当時の教会数は七百六十余カ所である。

ところがこの教祖十年祭から二十七日後、明治二十九年四月六日に、芳川《よしかわ》顕正《あきまさ》内務大臣から内務省訓令甲第十二号が発せられた。我々が通常言っている、いわゆる秘密訓令である。三月二十四日刻限のおさしづの中に、「びっくりしなよ〳〵。びっくりする事出けるで〳〵。……」と既に、このことは予言されていたのであるが、当時の道の人々にはまさに青天の霹靂《へきれき》、驚天動地の出来事であった。その全文は次の通りである。

近来天理教ノ信徒ヲ一堂ニ集メ、男女混淆《こんこう》動《やや》モスレバ輙《すなわ》チ風俗ヲ紊《みだ》ルノ所為ニ出デ、或ハ神水神符ヲ附与シテ愚昧ヲ狂惑シ、遂ニ医薬ヲ廃セシメ、若クハ紊リニ寄附ヲ為サシムル等、其ノ弊害漸次蔓莚ノ傾向有之、之レヲ今日ニ制圧スルハ最モ必要ノ事ニ候條、将来ハ一層警察ノ視察ヲ厳密ニシ、時宜ニ依ッテハ公然会場ニ臨ミ、若クハ陰密ノ手段ヲ以テ非行ヲ抉摘シ、其刑法警察令ニ触ルルモノハ直チニ相当ノ処分ヲ為シ、又其ノ然ラザルモノハ、必要ニヨリテハ祈禱《きとう》説教ヲ差止メ、若クハ制限スル等臨機適宜ノ方法ヲ用ヒテ、其取締ヲ厳重ニシテ、殊ニ金銭募集ノ方法ニ付テハ最モ注意ヲ周密ニシ、且其ノ状況ハ時々報告スベシ、尚神仏各宗派ニシテ禁厭《えん》（注、まじないの事）祈禱、風紀並ニ寄附金ニ関シ天理教会ニ譲ラザル弊害アルモノモ可有之、是亦同様ノ取締ヲ為スベシ

右訓令ス

明治二十九年四月六日

内務大臣　芳　川　顕　正

天理教を名指しで「之レヲ今日ニ制圧スルハ最モ必要ノ事」という、実にきびしい訓令であり、苛酷《かこく》な弾圧であった。前年来、数カ月にわたって、東京の中央新聞、萬朝報《よろずちょうほう》、二六新聞、その他が筆を揃《そろ》えて本教に対する悪罵《あくば》の限りをつくしていたから、予想の出来ないことではなかったかもしれぬが、これほどに全国的な大弾圧が始まろうとは考えられなかった。

この訓令の言わんとするところは、主として、

一、医薬妨害

二、寄附強制

三、男女混淆

の三点であった。男女混淆というのは、男女が一緒におてふりをすることが、淫祠《いんし》であるという当時の新聞雑誌の攻撃をそのまま、うのみにしたものであろう。

この訓令はただちに全国各府県の警察に通達された。いくつかの教会は認可を取り消され、各府県の警察は動き、サーベルをさげた巡査は各地の教会の門口に立ちはだかり、参拝する信者を尋問し、布教人には教導職免状の提示を求めるようになった。

内務省は別に秘密にしたわけではないが、天理教側では急に警察がきびしく干渉して来るようになったので不審に思っていたところ、やがて十数日後にこの訓令が出たことを知った。それで天理教側では一般に秘密訓令と呼んだ。

巡査はただ参拝者を尋問するだけでなく、信者には、この道の信仰を捨てるよう働きかけ、警視庁は「信徒と帰依者となるもの之れなき様厳重取締るべき旨」（明治二十九年四月十七日、中央新聞）を配下の巡査に達した。燃えに燃え、勇みに勇んだこの道は、たちまち火の消えたようになった。

四月十五日には警視庁令第十五号が出、六月十五日には大阪府令が出るといった具合に、次々に全国各地で天理教会取締令が発令され、本教の教勢進展にとって大きな打撃となった。各地の神社仏閣及び医師の反対攻撃がいよいよ苛烈《かれつ》となり、天理教撲滅の演説会が盛んにもたれるようになる。信者たちも教会前に立つ巡査を恐れて、信仰から遠のくことになった。

内務省の道に対する取締りは厳格の上にも厳格となり、その上、教義、儀式に関しても、神道本局を通じて高圧的な強制を加えて、もし聞き入れなくば最後の手段として解散を命ずるとまで言って来た。

その頃の道の布教人たちの困苦は察するに余りある。考えてみると、中川よしが夫弥吉と第一回東京布教に来たのは、明治二十九年五月から十一月のことであるから、ちょうどこの騒ぎの最中に東京で布教をしていたわけである。しかも世間の景気は日清戦争が終わり、戦後の余波を受けて沈滞のドン底であった。

御本部においては、同年四月二十一日、飯降本席におさしづを伺うと、左のようなお言葉が下る。

内務省訓令発布相成りしに付、心得まで伺

さあ〳〵いかな事も言うて来る〳〵。皆これまで十分話伝えたる。どんな事しようと思うて成るやない。今一時尋ぬる処、どういう事もある〳〵。尋ねる処、どんな事もすっきり取り調べさす。取り調べさすと言えば、おかし思うやろ。地方庁や、願う〳〵、却下や〳〵。どうしてもならん。……一時見れば怖《こ》わいようなもの。怖わい中にうまい事がある。水が浸《つ》く、山が崩れる。大雨や〳〵。行く所が無いなれど、後はすっきりする。今一時どうなろと思う。心さえしっかりして居れば、働きをするわ〳〵。反対する者も可愛《かわい》我が子、念ずる者は尚《なお》の事。なれど、念ずる者でも、用いねば反対同様のもの。……世界の反対は言うまでやない。道の中の反対、道の中の反対は、肥《こ》えをする処を流して了《しま》うようなもの。こんな所にこんな事があったかと、鮮やか分かる程に〳〵。……心一つの理を繋《つな》げ〳〵。いかんと言えば、はいと言え。ならんと言えば、はいと言え。どんな事も見て居る程に〳〵。

われわれが常に耳にし、また他人にも話している「反対する者も可愛我が子……」というお言葉は、実は内務省秘密訓令が出た時のおさしづの一節だということが分かる。われわれは道に反対する知人や友人や親戚に対して、このお言葉を気安くつぶやいているが、実際は、もっとスケールの大きい国家権力に対しておっしゃったのだと知る時、やはり驚きに打たれざるを得ない。

また「道の中の反対、……こんな所にこんな事があったかと、鮮やか分かる程に〳〵」というのは、内務省訓令発布の大節に起こった安堵《あんど》事件と前橋事件に関する予言である。稿本中山眞之亮伝には、
「一同、このおさしづを頂いて身の引締まる思いであった。教祖の御苦労は見て来て知って居る、又、話にも説いて居る。しかし、今、こうして官憲の圧迫と真正面から向かい合った時、初めて、教祖の御苦労が、ヒシ〳〵と人々の胸の底に沁《し》み渡って感ぜられた。

いよく、我々にとって、教祖の御苦労を現実に実践さして頂く時が来たのだ、と思うと、それは寧《むし》ろ涙のこぼれる喜びであった。懸念と不安が、おさしづを承って居るうちに、自《おの》ずと激しい感激に変わって行った。

それにしても、具体的な対策のために、一刻も早く本教としての方針を決定せねばならぬ。殊に、この訓令と共に、本局を通して儀式についても強制して来る処があり、もし聞き入れないならば解散さすぞ、という勢で迫って来たので、本部では、五月十八日から二十一日に亙《わた》って、連日役員会議を開いた。そして、二十日に、一同の心のまとまった点を、一々申上げておさしづを仰いだ」

それは、次の八点の変革の実施である。

一、本部は従来のかぐらづとめを改めて、御面を机上に備へ、男子のみにておつとめをなし、ちよとはなし、かんろだいのつとめだけにすること。

一、朝夕の勤めはちよとはなし、かんろだいのみとする事

一、医師の手を経ざる以上紊りにおたすけをなさざる事

一、教会新築工事は華美に渉《わた》らざる様精々注意すること、附教会の設置は猥《みだり》

に許さざる事

一、神符守札に対する件は神鏡を以て信仰の目標とし、本部より下附すべき物に限る事、産屋御供《をびやごく》は熱心なる信徒に限り授与する事、御守は席順序を運ぶ者に限る事

一、教理の説き方を一定する事

一、天理王命を天理大神と称し奉る事

一、楽器は三味線胡弓を用ひざる事

これらは、一件々々について、おさしづによるお許しのお言葉を頂いている。

内務省訓令に追い打ちをかけて、この年の十一月一日、神道本局から〝本年十一月一日より向う三箇年間、普通教会及講社結成を停止す〟との通達があった。

明けて明治三十年には、かねておさしづで予言のあった教内からの異端や離反が、この大節の最中に勃発した。

さて、明治二十九年から二十一年後、つまり大正六年三月九日の新聞紙上で、人々はまさに驚天動地のニュースを目にしたのである。

今、ここに当日の東京朝日新聞のコピーがある。その社会面の実に半分以上を占めて、一つのトップニュースが報道された。

●芳川伯家の若夫人
　抱運転手と情死す――千葉駅附近にて――
　◇男は咽喉を突いて即死し
　◇夫人は列車に触れて重傷

七日午後六時五十五分千葉発本千葉駅行単行機関車に機関手中村辰次郎火夫庄司彦太夫乗組み県立女子師範学校側を進行中年若き女飛び込み跳飛ばされ重傷を負ひしより機関手は直に機関車を停めたるに
▲飛込み遅れたる同行の青年は斯くと見るや直に同校の土堤に凭り掛り様短刀にて咽喉部を突きて打倒れたり届出に依り千葉警察署より猪股警部補、刑事、医師出張検視せるに女は左頭部に深さ骨膜に達する重傷を負ひ苦悶し居

り男は咽喉部の気管を切断し絶息し居たり、女は直様県立千葉病院に入院せしめたるが生命覚束なし

▲女の服装は銘仙絣と縞お召の袷に緋縮緬の友禅長襦袢を着し繻珍の丸帯を占め真珠入りの金指環を嵌め十二円余を入れたる蟇口を所持し居り髪はハイカラに結ひ畳附の駒下駄を穿き薄化粧を施せる二十二歳位色白の美人にて中流以上の令嬢風なり、男は紺羅紗詰襟の洋服を着し茶色スコッチの鳥打帽を被り

▲赤靴を履き頭髪を分け居り年頃二十六七歳位運転手風の好男子なり、男の黒っぽき外套の隠しと女のお召コートの袂には各々遺書一通あり尚女のコートの袂には白鞘の短刀を蔵しあり（千葉電話）

▲芳川伯邸の大騒ぎ

▽老伯は語らず

右に就き本社は各方面に向って精探せし結果婦人は麻生区宮村町六七、正二位勲一等伯爵枢密院副議長芳川顕正氏養子なる子爵曽根安輔氏の実弟寛治氏夫人鎌子（二十七）（伯爵の三女）にして（注、つまり鎌子は三女ながら養

子を迎えて、芳川家の跡を取っていたのである）長女明子（五才）あり男は同邸の自動車運転手倉持陸助（二十四）なることを突止めたり

▲萬事岡氏から　記者は八日午前二時同邸を訪ひたるに伯爵は既に洋館の二階にて寝に就き階下の玄関には深更にも拘らず一人の書生徹夜の模様なるも邸内の四辺はせきとして声なかりし強ひて伯爵に面接を求たる結果書生を介して次の如く語られたり「お尋ねの事件に関しては一切お話しするを得ませんん当事件の全部は元の警保局長岡喜七郎氏に一任しあれば同氏より聞き取り呉れ」とて何事も語らず家人出入の者に至る迄厳重に口止めしあり

……………中略……………

▲心中の前

▽朝から酒を呑む

両人の情死前の模様につきて調査するに去る六日午後十二時頃腕車（注、人力車）に乗りて千葉町字院内の料理店兼旅人宿進桝亭に来れる男女あり激しく雨戸を叩くより主人加藤増二郎が起き出でて

◇名前を問ひたるに「自分は当家の親戚なる東京の加藤あきより言伝てを頼

まれて来たから一泊させて下さい」との事なりしも折柄同家は営業禁止中なればとて女中のきよをして通町田川屋旅館に案内せしめたるに男はきよに向ひ明朝六時に伝言を話すから明朝来いと云ひてきよを帰し二階八畳に通り
◇枕を並べて打ち伏したり、七日の朝女中は八時頃男を訪問したるに両人はまだ睡眠中にて午前九時頃再び女中きよに起されて両人手を携へて田川屋を出で進桝亭に赴けり茲にて両人は朝飯及び午飯を食し酒三本餅菓子五十銭を食したる後千葉の名所絵葉書十枚を買い巻紙封筒を取寄せて何事か両人にて書面を認め居たり二人は兎角
◇打ち沈み勝なりしが午後一時頃女は腹痛なりとて俯伏し十銭の振り出し薬を求めて服し男は女中に芸妓を招んでくれと命じたるが、後になって之を取り消し午後三時頃田川屋旅館の宿料八十五銭と進桝亭の拂四円廿五銭を支拂ひ男女勢ひよく同家を立ち出でたり此の二人こそ前記の鎌子及び倉持の両人なりしなり（千葉電話）

▲鎌子の譫語

▽寛治氏枕頭に看護

▽次第に危篤の容態

急報により八日午前十一時東京より近藤医学博士千葉病院に赴き院長三輪博士と打合せの上診察し午後二時帰京したるが鎌子の容態は刻々に危険にて出血甚だしく悲鳴を挙げ苦悶しつゝある其間にも屢々運転手の名前を譫語にて呼び続け居れり尚夫寛治氏は直に千葉病院に赴き夫人の枕頭に附切り居れるが今回の不面目に非常に痛心し訪客に対しても落涙して「余と余の一族は目下謹慎中にて何の面目もなし」と語り打沈み居れり（千葉電話）

▲二人の遺書は

▽直に焼き棄つ

鎌子及び倉持両人の遺書に就いては検視の係官及び東京より出張せる岡喜七郎氏は絶対に秘密に附し居れり岡氏は一応是を披見したる後火中に投じて焼き棄てたる後「両方とも誠につまらぬ書置にて何等御話しする程の事はなし」と云ひ居れるも最初より此事件に関係せる某氏の談によれば鎌子夫人の遺書は両親に宛て倉持は東京なる叔母にあて何れも己れの不品行より先立つ不孝を詫びたる文句を記しあり尚他にも縷々事情を記しあり頗る複雑せる関

係あるもの、如しと云ふ（千葉電話）……後略。

このニュースを聞いて華族社会はもちろん、人々がどんなに驚愕《きょうがく》したことか。新聞、雑誌は次々と、この「千葉心中事件」について、ありとある情報を報道した。この事件に関する唄《うた》まで出来た。大道芸人が手風琴やバイオリンをひいて、この歌をうたった。小学生までが学校の往き帰りに、この歌をうたったといわれる。当分の間、日本のジャーナリズムは鎌子、鎌子で明け暮れた。

鎌子の父芳川顕正は、この事件によって枢密院副議長を辞職し謹慎した。

ここで、東本分教会長中川よしが登場するのだ。これに関する資料は今のところ三つある。

一つは浜市《はまし》分教会前会長中沢隼人が昭和三十八年九月十六日、東本大教会の月次祭で講演した話の記録である。事件当時、よしは東京教区主事、中沢は青年であった。東京染井の教務支庁の一室で、よしは尋ねる中沢に、にこやかに話して聞かせたということである。

もう一つは、よしの第四子、二女の清子（湖東大教会前会長）が、そのある部分について、直接に見、また、よしから聞いている。

それからもう一つは、大正六年八月号の「みちのとも」である。これは「実業公論」（第三巻第七号）に出た記事の再録という形になっている。この「実業公論」は中村杏堂が社長で、大正六年七月号では、渋沢栄一、三宅雪嶺、仲小路廉、高崎親章、美濃部俊吉、井上準之助といった当時一流の人たちが筆を揃えている。

そして目次には「芳川鎌子夫人天理教信徒となる」とあり、本文では「千葉心中の中心人物、芳川鎌子信仰生涯に入る」というタイトルで、その記事は始まっている。

「本誌は前号に於て、東本分教会々長中川よし子女史に付て記する所ありしが、本号に於ては此女傑の経営せる東本分教会が、前枢密院副議長芳川顕正伯をして此教会に帰依せしめ、彼の千葉心中事件として天下の耳目を聳動《しょうどう》したる、問題の中心芳川鎌子夫人を教化したる顚末《てんまつ》を紹介する。

そもそも鎌子夫人が自動車の運転手と道ならぬ恋に堕《お》ちて、人生の痛烈を極め、社会の風教上に一大波動を起したるは、近ごろ我が国が宗教的革命の気運に触れんとする時にとりて、極めて注意すべき事件であって、鎌子の後身が、いづれは宗教に安慰さるべき立場にあると共に、世人は彼女が、いかなる宗教に身を託すべきかは、一種の興味ある問題として迎へていた」

仏教家もキリスト者たちも鎌子を自派に引き入れたいと、種々のあらゆる手づるを求めて接近を図った。芝の増上寺の住職も芳川家に行ったときく。キリスト教の当時有名な牧師、海老名弾正も鎌子の所に行ったといわれる。

鎌子は、一時の危篤状態を脱し、小康を得ていたが、まだ床の中の生活が続いていた。芳川顕正伯爵は鎌子のために、千葉に近い場所に隠れ住む家を一軒建て、そこに鎌子を住まわせていた。

しかし、どこから聞きつけるのか、世の人々はその家の白壁に、墨汁で「姦婦《かんぷ》鎌子、クタバレ」と落書をしたり、矢文を放って、悪口雑言を書いてよこしたりした。

新聞、雑誌をはじめ、世の中は、あげて鎌子攻撃である。根が勝気のところへ、そうした攻撃を受けて、鎌子はますます根性がひねくれてくる。芳川顕正にとっては、鎌子の不始末により、政界から引退しなければならなかったが、何といっても芳川家の跡取り娘である。父親の情としては、可愛くて、可哀《かわい》そうでならなかった。自分が生きている間はよいけれども、老いる年波には勝てぬ、もし自分が目をつむった時、あの娘はどうなるだろう。何とか娘の心を直してやれないものか、と芳川顕正は思ったことであろう。女中の一つの粗相、書生の一言の返答違いに、荒っぽい言葉で頭ごなしに叱りつける錯乱気味の鎌子を見て、顕正は、ああ、この娘はもう人間の屑《くず》だと、ひそかに涙をこぼしたであろう。

「然《しか》るに彼女が、社会の宗教としては、まだ布教の日浅き天理教に帰依するに至りたるは少しく意外とする所である。……中略……而して鎌子が、其後身を此教に托するに至りたる経路に付ては、最も奇しき宿命の繋がれて居るのである。そも彼女は、何人の手引きによりて、暗黒の裡《うち》に、一道の光明を辿《たど》り得たのであるか」

ここで四宮憲章という人物があらわれる。四宮は芳川顕正が文部次官をしていた時、知遇を受けた。かつて陸軍大学の教授、高等女学校の校長、早稲田大学内同仁医学校教授を歴任した。漢学の造詣《ぞうけい》が深く、以前「神秘術」という本を書いたことがあった。大正元年から三年まで、中国を遊歴して帰り、この事件のあった当時は、法政大学支那留学生嘱託教師となっていた。

多くの友人を東京にもつ四宮憲章は自分の漢学の素養を生かした仕事をしたいと考えていた。ある人は中国の青島《チンタオ》にある漢字新聞の記者に推したが、これはうまくまとまらなかった。四宮は独立して自分の舎塾を開くべく決心していたが、この計画がまだ実行段階に至らず、しきりに種々の準備に忙殺されていた。

そんな時、ある日の夕方、偶然二十年前の懐かしい知人に出会った。その知人は平尾吉太郎と言い、かつて神田小川町で書籍出版業「福六堂」を営んでいた時、四宮憲章の著書「神秘術」を出版した人であった。二人は不意の邂逅《かいこう》を喜び、おのおのその後の消息などを語り合った。平尾吉太郎は、自分は現在天理教の信者になっていると言い、今からその所属する教会に行くところなのだと告げた。そして「あなた一緒に行きませんか」と誘った。ちなみにこの平尾吉太郎の孫の道江は、後に城法《しきのり》大教会長山本正信に嫁ぎ、現在前会長夫人である。平尾吉太郎の所属していた教会は本明《ほんめい》宣教所（現本明分教会）である。

「四宮氏は吾知らず平尾氏の誘ふが儘《まま》に、その宣教所に行った。所長は岡山彦太郎氏である。この日、四宮氏は始めて天理教信者の家庭と、信者同志の間柄の如何《いか》にも情義の篤く、言語動作の美《うる》はしきを見て、甚だしく心に感じたのである。氏は多年教育界の人として、修身、道徳の教へに従事したるが、氏の常に教へたる聖賢の文字をその儘に実践躬行《きゅうこう》するものは、実に斯くの如き宗教の信者間に存在することを認めて、如何にも平素の理想境を発見したる心地がしたのである。氏を誘ひたる平尾氏も四宮氏の同感を得て、大いに喜び、願はくば先生をして我々の会長に面会せしめんと、居合せたる一同の信者は、彼等の会長、東本分教会の中川女史の事を語り、其写真を示し、四宮氏は写真を一見して、此の女性の豪胆不屈なる意志と、慈悲に富める精神とを想像して」ある日、東本分教会に中川よしを訪問する。

四宮憲章は、よしの風采と言語動作、立居振舞を目のあたりに見て、想像以上の人格者だと認め、感服した。

「更に会衆の様子を見るに、いづれも敬神の念の面に現はれ、その礼拝などの礼儀に叶《かな》ひ、その交際ぶりの如何にも暖かなるに益々驚いたのである」

四宮はよしとしばらくの間、対談した。そして、用紙と筆をとりよせて、その感想を三七五言の詩に書いて、よしに見せた。その漢詩は左の通りである。

　中川天理教東本分教会長ヲ訪《おとな》ヒテ席上ニ題ス

日ニ身ヲ棄《す》ツ。日ニ身ヲ棄ツ。信神、純ナリ。

信神、牢《ろう》ニシテ、鉄《くろがね》ニ似タリ。

至誠、豈《あ》ニ神ナラズヤ。

堅忍、夙成《しゅくせい》ノ性。

慈悲、是レ天真ナリ。

天真爛漫《らんまん》ノ風、堂ニ満ツ。

神楽洋々、気、春ノ如シ。

我、来タリテ心ヲ洗フ、中川ノ水。

甘露台上、甘露新タナリ。

日々わが身を棄て、わが家を忘れて、教祖ひながたを目指して精進しているよしの姿が、よしの真実の心が、身体からにじみ出る気迫が、四宮憲章の心を打った。信神牢似鉄とは、いかにもたすけ一条の道を、神一条の道を、ししとして歩むよしを描いて妙である。堅忍とは、がまん強いという意味であり、夙成とは、晩成の反対語である。

甘露台という言葉が出てくるのは、多分四宮がよしを訪ねる前に、何かの天理教の書物を読んでいたのではないか。あるいは平尾から話に聞いていたのではないか。

さて、「実業公論」は、その記事を続けている。

「四宮氏はつとに孔孟の訓《おしえ》を学び、苦学多年造詣浅からず、学成るや多年教育界に立ちて、仁義道徳の訓を説く事一日にあらず、而かも此の日中川女史に逢ひて、教会の実況を目撃するや、多年の希望を一朝に達したるの思ひを為し、道徳の実践躬行は実に此宗教に在ることを悟り、曽《かつ》て著したる『神秘術』の論旨と、天理教の真意とが全然合致する事を認めたるより、氏は遽《にわ》かに天理教の教理を研究せんとするの志を起し、日夜心を潜めて、御神楽歌を読むこと百回、御筆先を読むこと十回、教祖伝を読むこと十回に至り、茲に教祖の神格の崇高偉大なるに驚倒すると共に、教祖の理想が全地球上の平和にあることを知り、其教訓は自然至美の極に至るものにて、而かも之れが単に理想にあらずして、実行し得られるべき道なることを確信したのである」

そして次に、四宮憲章の考えを紹介している。

「現時の物質的文明は、智識と学問にて得らるゝものと信じたるが為めに、人は傲慢不遜《ごうまんふそん》となり、人道も之れが為めに廃《すた》れ、人は人と争ひ、国は国と闘ひ、その悲惨目も当てられぬ世の中になりつゝあるは、是れ文明として喜ぶべき現象にあらずして、実に悪文明である。……中略……世界の人類が此度の戦乱（注、第一次世界大戦）に依って自覚を得たる暁には、永遠の平和を求むる心を生ずべく、神は此の暁に於て精神的乳汁を要求するに応ぜんが為めに、此教を我日本に伝へ給《たも》ふたのである。

我々日本国民たるものは、今より精神を修養して、他日世界の平和に貢献する所がなくてはならぬ。是れ天理教を以て国教となし、是を教育の上に押し及ぼさねばならぬものである。自分も今日迄は自己の学問に依頼して、密かに誇ってゐたのであるが、一度び豁然《かつぜん》として悟りては、感恩報謝の念、油《ゆう》然《ぜん》として湧き出づるのである」と。

そうして、中川よしが芳川顕正と会う時が近づいてきた。

四宮憲章は、かねて知遇を得ていた芳川顕正伯爵をたずねて、いつも碁を囲んだり、郊外に花見に行ったりしていた。芳川伯爵は詩歌の風流を解したので、漢学の造詣が深く、美しい漢詩を生み出す四宮の心の豊かさに敬意を払っていた。従って四宮には芳川伯爵に接近する機会が多かった。

四宮はある時、自分は天理教の信者になりました、と伯爵に語った。驚く芳川伯爵に四宮は、入信した理由と、自分が天理教について感じているところを語った。

「此宗教を盛んならしむるは、国民道徳に大なる裨益《ひえき》あらん。殊に伯は教育勅語の起稿者として、我国の風教上に大なる関係をもってゐるのである。而して鎌子夫人は四囲の境遇上、宗教界に活路を求めねばならぬ運命である」

キリスト教も仏教家も、鎌子夫人を感化しようとして、各派共種々の手段を用いて勧誘していた。芳川顕正は不始末をしでかした娘の親として、日夜苦悩していた。髪を剃《そ》らせて尼にしようかと考えていたかも知れぬ。四宮は芳川顕正に言った。

「昔から、貴婦人が尼になった例は、少なくありませんが、もし尼法師になるとしても、心から懺悔《ざんげ》した人は又別でしょう。しかし、心の修養が出来ないうちに、髪を落して形ばっかり尼となったって、お嬢様の魂は救われません。現に今の尼さんを見ても、いかがわしい者が中にないとは言えません。なまじ髪を剃らせて尼とさせても、もし、恥の上塗りのようなことになってはお困りでしょう。それよりも、私がそうであったように、鎌子様ご自身が道を悟り、魂が救われれば、と思います。どんな宗教でも、宗教家自身の人格によって、人を教化するのです。いかに完全な教理でも、教理だけでは感化し、魂を救うことはできません」

そうして、四宮は東本分教会長中川よしについて語った。

「此の場合に、四宮氏の語りたる天理教の話は、甚だしく老伯の心を動かして、伯は其の貴き身分をもかへりみず、自動車を駆りて本所外手町なる東本分教会に中川女史を訪ねて之れに面会した。伯は果《はた》して中川女史の人格を見て、我子の教化を託すべき人なる事を認め」た。

大正六年六月十一日、この日初めて、よしは四宮憲章の案内で鎌子夫人のもとへおたすけに行ったのである。中沢隼人がよしから直接聞いたという話によると、この時、鎌子はろくに挨拶もしなかったということである。よしはかしものかりもの、いんねん一条の話などを約一時間した。だが少しも受け答えがない。それで、今日はこれで失礼しますといって帰った。その日から、よしは断食した。そうして毎日のように電車にゆられて、鎌子の家に通った。二回、三回と話を取り次ぐが、鎌子は知らん顔で、ご苦労さんもありがとうも一言もない。断食して八日目か九日目、いつものように鎌子の部屋に案内され、話しているうちによしの目の前が真っ暗になった。貧血を起こしたのである。日々の激務が続くよしに長期の断食は、その精神には無論こたえないが、身体にはこたえた。そのころ、よしは毎日朝づとめ後、きっちり百人の人におさづけを取り次いでいた。朝参りの人が多く、神殿に入りきれない人たちは、地べたに座ったり立ったりでおつとめをした。雨の日は傘をさしておつとめをした。朝づとめ後よしは神殿に座って、おさづけを取り次いだ。おさづけは会長様にお願いしたいというのが人情で、他にもおさづけを取り次ぐ先生方がずらりと並んでいるというのに、よしの前には途方もない身上者の列が出来た。よしは朝食はもちろん昼食もほとんどとることはできなかった。それでよしのおさづけは一日百人と決め、役員が数を数えて、後の人たちは他の先生に回ってもらうことにした。それでも終わるのが昼過ぎになることがしばしばだった。

鎌子の前で自分が倒れるようなことがあってはならぬと懸命に耐えたが、やはり、よしは一瞬気を失った。ふと気がついてみると目の前に、女の人が手をついて頭を下げている。じっと眼をすえて見つめると、それが鎌子であった。

「先生、申し訳ありません。この鎌子のためにご苦労をおかけして本当に申し訳ございません。この二、三日前から、寝ていても先生のお姿が目の裏に浮かんでまいりました。それなのに先生が訪ねて来られてお逢《あ》いすると、自分ながら自分がいやになるほど冷たい素振りが出てまいります。でもこの二、三日前から、目蓋《まぶた》の裏に先生が何かしら神々しいお方のように思われてまいりました。この鎌子のために、これほどまでに思って頂きまして、ありがとうございます」

と言って鎌子は泣いた。すると、よしは、

「若奥様、私にお礼は言わなくても結構でございますよ。私にお詫《わ》びはいりません。どうぞ、そのお言葉を、あなたのお父様に聞かせてさしあげて下さい」

よしは泣いている鎌子を連れて、芳川家の本宅に行った。

「お父様、鎌子は本当に悪い娘でございました。どうかお許し下さいまし……」

さめざめと涙を流しながら、自分に対して心から詫びる娘の姿を見て、芳川顕正は大きな驚きと感動に打たれた。あのひねくれて、父親である自分にも一言もものを言わなかった娘が、過ちを悔いて、自分の目の前で手をついて謝っている。これが昨日までの自分の娘と同じ娘なのか。信仰の力というものは、かくも偉大なものか。

かくて明治二十九年、つまり二十一年前、天理教弾圧の秘密訓令を出した元の内務大臣、前枢密院副議長芳川顕正伯爵は天理教に入信した。この点について、「実業公論」は、

「始めての会見にては鎌子夫人は一語も発せず、唯《ただ》涕涙《ているい》の滂沱《ぼうだ》たるを見るのみにて、中川女史に対して僅《わず》かに目礼したるのみなりしが、第二回目には感謝の情が面に現はれ、話の請け答へをすることが出来た。第三回目には病床を離れて、敬意を払ひて心服の意を表し、其の次には幽暗の中より一道の光明を認めたる如く、信仰の念が胸中より湧き出でたる情態であったと云ふ事である。其後次第に鎌子夫人の信仰は進み、老伯も深く彼の女の精神界に活路を開かんとするの希望を認めて喜んで居られる。

千葉心中事件は、近来の大評判であった。之と共に此事件は我華族社会の風儀の一端を曝露したのである。我国の一般社会が如何に宗教を要すべきかの時に於いて、布教日尚《な》ほ浅き天理教が、而《し》かも婦人の手に依って此問題の

人、芳川鎌子夫人に精神的感化を与へたるは、精神界に於ける大なる収穫でなければならぬ」

と結んでいる。

現存する人物としては、よしの二女清子（当時十八歳、現湖東大教会前会長）が、鎌子の一人娘明子が東本に代参にきたのを見ている。ちょうど清子が居合わせた時に明子が参拝にきたのだ。その時、明子は六歳というから、大正七年のことだろう。

明子は被布《ひふ》（着物の上に着る丈の短い衣服で、えりもとは四角にあいて、前を合わせて着るもの。両胸元にすその長いリボンのような飾りをつけてあり、婦人、子供が外出用に用いたもの）をつけ、髪は人形によくある長いオカッパで、東本の客間に小さな身体に大きな座布団をしいて、ちょこんと座っていた。お伴《とも》は三人いて、乳母が一人で男二人であった。その男たちは、次の間にかしこまって座っていて、清子がいくら座布団を勧めても敷かなかった。「まあ、華族様って、何と固苦しいのでしょう」とその時、清子は思った。

明子は神様へのお供えを持ってきたのである。大きなへぎ（現在でも結納の時などに使う、三方の上の部分）に、これまた大きな奉書の包みが置いてあり、それに麻の水引きがひかれ、これに大きく、幣帛《へいはく》料、芳川家と書かれていた。

よしは、芳川顕正の次のような言葉を娘の清子に伝えている。清子は肝に銘じてそれを聞いた。芳川顕正は、よしの前に頭をさげて言った。

「今、私は娘の不行跡のために、日本中の人々に罵詈《ばり》雑言をうけています。私は天理教がこんなに立派な宗教とは知りませんでした。今しみじみ思うことは、私が内務大臣をしておる時に天理教弾圧の訓令を出しました。天理教の方はどんなに辛い思いをなさったことでしょう。どうぞ、天理教のみなさまにお詫びをして下さい」

Ⅲ

佐治清子の追憶

この文章は、佐治清子（中川よしの二女）本部婦人が、青年会東本分会の一泊錬成会において話したものを基にして出来た。今までの中川よし伝では、よしの信仰的厳しさのみが強調されすぎたきらいがあるが、これを読むと、よしがいかに温かい柔軟な心を持っていたかがよくわかり、その人格が眼前にほうふつとすることであろう。

私、母に最後に会いました時、それは大正十年の秋のことでございましたが、母の身上が重いからという電報をもらいまして、滋賀県からまいったのでございます。母は熱が大変高《たこ》うございまして、何か熱のためにうなされているような状態だったと思うのでございます。ところが母は入れて下さった氷枕も氷のうもとらしてしまうのです。いくら元通り頭の下に氷枕を入れましても、

「神様が私にご意見下さっているのだ。永年の私の間違った心遣いに対して、神様がご意見下さっているのだ。せっかくの神様のご意見をありがたく受けさして頂きたい。もう氷枕なんかみんな取ってくれ」

そう言って、みな取らしてしまうのでございます。私が行っておりましても、私のことを分かっているのかどうか分からないのです。そうして教祖に向かって譫言《うわごと》でおわびをするのです。

「私は東京へまいりまして初めて一人の人におさづけをさせて頂いた時、もう天にも昇るような気持ちでございました。それなのに、このごろは、今日もこれで百人のおさづけが終わった、と思った途端に私は、ああ、くたびれた、と思うようになりました。申し訳ございません！」

と言って、涙をポロポロ流すのでございます。私はもう本当になんとも言えない気持ちで聞いておりましたが、そのうちにみかぐらうたを唱えまして、

その一節ごとに、

「あ、御教祖《ごきょうそ》おやさま、申し訳ございません！　申し訳ございません！」

もう本当にきれいな声で歌うのですが、その一節ごとに、「申し訳ございません！　ありがとうございます！　申し訳ございません！」とお詫《わ》びとお礼をしながら歌うのでございます。

私の実の母でありながら、その様子を見た時、私はその崇高さに打たれました。あの時の様子は、いつも頭にこびりついております。それが私にとって、母がものを言ってくれた最後でございます。

あの時に、父も側《そば》におりまして、話してくれました。

「お母さんはなあ、本当に一人で苦労したんやで。人だすけのために苦労してもろうたんや。コーモリ傘の上に、おしめを干して、山道を歩かはった。そんなにまでして、子供たちを育てながら、苦労しておたすけしたんやで」

と私に言いました時に、母は意識がしっかりしたのか、

「私はちっとも苦労していませんよ。苦労したいと思ったけど、御教祖おやさまは、私にちっとも苦労させて下さらなかった。毎日うれしくて、毎日あ

りがたくて、通らせて頂きました。あんたは、そんなことちっとも知らないじゃありませんか」

と父に言ったのを覚えております。

私は母の娘として、誠に不肖の子でございます。この世に母よりも二十何年も命を与えて頂きまして、今年で七十七歳にならして頂いております。「ただ年限ありて、心に功なくば古いとは言えようまい」と仰せ頂きますように、誠に、母の子として不肖な日々を送らせて頂いてきた私でございます。

母について、私が一番印象に残っていることは、いつも喜んでいた、ということでございます。例えば今お話ししたように、高熱のさなかでも、感謝して「ありがとうございます。申し訳ございません。ありがとうございます」と申すのです。

教祖は、どんな時にも、喜び続けてお通り頂いた。そのおひながたを、本当にお慕いつづけて通ったと私は思わせて頂くのでございます。ですから苦労話はしないのです。よく私はこんな苦労をした、あんな苦労をしたと言う方がございますが、母はちっとも苦労話はしないのです。あるお方に「あの、お道のな、ほんまの苦労をしたのは、あんたのお母はんと私ぐらいのもんや。あんたのお母はんは、えらい苦労しなはったな」と言われたことがございます。私はその時に、ああ、そう言えば、お母さんはちっとも苦労したという話を聞かしてくれなかったなあ、と思いました。つまり、なんでも喜んで通ってきたのでございますね。例えば、私の赤ん坊の時の話を聞かしてくれたことがございますが、大変明るく楽しそうに笑いながら言うのです。

「あんたはねえ、赤ちゃんの時、泣き虫でね、本当に大変だったんだよ。もうほかの子はみんなおとなしくて、光之助なんかも、お母さんの背中で、足をピョンピョン動かしたりして、ちっとも泣いたりしなかったのに、あんたはもう泣いて泣いて、よそのお宅に連れていったら、初めから終《しま》いまでギャーギャー泣くので、おたすけに連れていかれなくなった。仕方がないからねんねこ半天にくるんで、戸外に寝かしておいて中に入るんだよ」

そうすると割におとなしく、ちょっとも泣かないでいるんだそうです。まあ、ある時も外へ私を寝かせて、重病人のところで、おたすけをさせて頂いて、夢中になってお話をさせてもらっておりますと、私が戸外で火のつくような声で泣き出した。それで母は、ああ、子供のことを忘れていたと思って外に出てみますと、寒中でしたから、綿入れのねんねこ半天を着せて外に寝かしてあった。そのねんねこ半天をはずして、向こうに逃げて行く人があるのだそうです。それで母は一瞬「あっ、盗《と》られたら、もう明日《あした》っから出歩くこともできない。これは大変だ」と思って追いかけようとしたそうですけれども、

「あゝ、そうじゃない。神様が私にお仕込み下さったんだ。神様が私に何かお仕込み下さっているんだ」

そう思って、そのねんねこを持って逃げていく人の後ろ姿に手を合わせて拝んだそうです。しみじみ拝んだそうです。

「おやさま、ありがとうございます。私は結構にお仕込み頂きました」

それからは、ねんねこがないものですから、私を連れて歩くことができません。当時の布教所には住み込みの方もいなければ、留守番をして下さる方も、まだなかったのです。

仕方なしに、その日は布教所にいたんだそうです。そうすると、次から次にいろんな人がお参りに来て、「まあ、先生！　いつ来てもいないけど、今日はいてよかった、よかった」と言って下さった。で、その日は居ながらにして、おたすけに忙しかったというのでございます。

「あゝ、成ってくる理は神の慈悲とは、このことだ、泣き虫で困ったと思ったけれども、そうではなかったのだ。ありがたいお慈悲だったのだと、本当にありがたかったよ」

と聞かせてくれました。その話し方も笑いながら、本当におかしそうに、

「あんたはねえ、泣き虫でねえ――」

というふうに、いかにも楽しそうに聞かせてくれました。普通だったら、こうなんだよ、ああだったんだよ、と私に苦労話のように聞かせてくれたら、聞いている私もなんだかみじめに思うのですが、自分のお仕込み頂いた話を、楽しく聞かせてくれた母だったのでございますよ。

私の生まれた時のこと、これは高安大教会の青年さんで、そのころ東京へ単独布教にいらしてた松井さんという方なんですけども、その方から、いつ

も私、聞かせてもらったんです。

「わしはなあ、あんたが生まれた時のこと、知ってんのやで。わしが東本へ行って、あんたのお母さんに話をきいとったんや。そしたらあんたのお母さんがなあ、大きなおなかをしてはったんやが、『ちょっと失礼いたします』いうて、奥の間に行かはったんや。そしてしばらくしたらな、また出てきはったんや。『どうも失礼いたしました』いうて、そこに座らはったんや。その時、おなか小そうなってたんや。それで『今、女の子を与えて頂きました』て言わはったんや。わし、びっくりしたでえ。人が生まれるちゅうもんは、こんな簡単なものかと思うた」

その方、若かったもんですから、当時はお産ってどういうものだか余りよく知らなかったらしいのですが、それでもそんな母にはびっくりしたらしいのです。それで、いつも私に会うと、「わしはなあ、あんたの生まれた時のこと、知ってんのやで」と何度でも聞かして下さったのでございます。当時は高安大教会関係の方をはじめ、いろんな方がよく東本へいらっしゃったようです。

私は清水とくさんという方に、赤ちゃんのころから随分お世話になったらしいのでございます。とくさんには子供さんがなかったのですが、清水とくさんという方は、不自由な目をたすけて頂いて、それからその後、一遍出直してからたすけて頂いたという人なのです。目をたすけて頂いて、布教所へ運ばして頂いているうちに、だんだん運ぶのがイヤになって運ばなくなる。その時のことを、私が清水とくさんから聞いたので、母にたずねたのです。そうしたら、

「清水とくさんはねえ、なかなかご恩が分からない人でねえ、もうあんたは不自由な目をたすけて頂いたのに、そんな心では、またとんでもないことになるからと言っていたのに、とうとう亡くなってしまった。それですぐに行って、お願いさして頂いた」

清水とくさんのご亭主は、もう棺桶《かんおけ》を用意して、

「おれンちみたいな貧乏じゃ、いくンちも置いとくわけにゃいかねえ。すぐに葬式しなきゃならねえ」

ということだったのです。それで母が、神様にお願いさしてもらいたいと申しますと、

「こんな死んじまったもんを、一体どうするんだ」

母は、

「今度、この人がたすかったら、生涯、神様のご用にお使い頂くという心を決めて下さい」

と言ったそうです。すると、

「こんなもの、死んじまったもの、どうでも勝手にしやがれ」

というようなわけだったそうです。

それから、冬の真最中で寒い時だったそうですが、井戸に出て水行をとって、おさづけをさせて頂いた。ご亭主は二回、三回目の水行までは、側に来て水をかけてくれたそうですが、寒くて寒くて炬燵《こたつ》にもぐり込んでしまったそうです。そのようにして何回もお願いさして頂きますうちに、清水とくさんは息を吹き返して、ご守護頂いたのです。

そして、その清水とくさんの話なんですが、「たすかったけれども、貧乏

のどん底で、どうにもならない。だけれども、こんなに先生が一生懸命に私をたすけて下さったんだから、なんかお礼をしなきゃ」と思って隣の人に、買い物をするから、一円貸してもらいたいと、一円借りたそうです。今度先生が来たら、これを渡してせめてお礼にさしてもらいたいと思っておりますと、ご亭主が八十銭盗んで、飲んじゃった。仕方なくあとに残った二十銭を、母が来た時に渡しますと、母は、

「ああ、よくあんたは、こんな心になってくれましたね」

と言って、それを押し戴《いただ》いて、神様に持って帰ったそうでございます。

それから、とんとん拍子にご守護を頂いて、本当にもとの身体にして頂きました。とくさんが住み込んで、ちょうど私の赤ん坊のころ、お世話頂いたのです。

「中川与志」（注、髙橋兵輔著）に出ておりますが、私が三戸部邸次郎先生の背に負われて、母と初めておぢば帰りをした時、私があんまりみすぼらしい格好をしているので、清水さんは自分の着物を質に入れて小さなチャンチャンコを作ってくれました。そして私に着せてくれました。すると母は、や

さしく、

「おとくさん、あのね、私は清子が可愛《かわい》いんだよ。可愛いからね、これを着せられないんだよ。人間の一生にはねえ、前生の通り方によって徳といいんねい、徳と苦労が、ちゃんと決められているんだよ。だから何も分からない子供に、今のうちから、こんないいもの着せたら、この子、徳を取り越してしまうんだよ。あとになってから、苦労ばかり残ってしまう。それじゃ可哀《かわい》そうだから、私はね、なんにも分からない、物心つかないうちに、せいぜい不自由さして、そして、あとには徳だけが残るように、してやりたいんだよ」

と言われたそうです。おとくさんは、夜明かしで縫ったそのチャンチャンコ、縮緬《ちりめん》の上等なんです。私が大きくなってからでも、うらめしそうに、たびたび、それを見せてこの話をしてくれたものでございます。


夏祭の時のことを清水さんや高橋さんから聞いたのですが、東京の夏祭は、皆さんご存じのように、なかなか華やかなんです。教会の前もお神輿《みこし》が、ワッショイ、ワッショイ、おそろいの浴衣を着て通ります。ところが私たち兄妹は、半分の尻きれとんぼの肌襦袢《じゅばん》を着せてあるだけで、外に出たらカッコが悪いので、おとくさんたちが外に出さないようにしていた。ところが、そんなことちっともお構いなしに、光之助兄がいくつくらいだったでしょうか、私はまだヨチヨチ歩きで、それで兄さんが、

「あたいは、ヒョットコ。清ちゃんはオカメ」

と歌いながら、お神楽の真似《まね》をして、外に飛び出しちゃったのです。私もヨチヨチ後からついていって、一緒になって踊ったそうです。みんなもう、おなか抱えて笑ったというんですが、それも母が、面白そうに、

「可愛かったんだよォ。本当にね、光之助は、今、あんなこわい顔をしてるけれどね、光之助もね、本当に可愛かったんだよ。まあ、なんとも言えなかったよ」

と、いかにも楽しく、うれしそうに聞かせてくれたことがございます。

布教のはじめ頃のこと、母はいつも帰りが遅いんです。おたすけからおたすけへ、走り回っておりますうちに、時のたつのを忘れてしまう人だったの

です。光之助兄と私はよく待ちくたびれることがございました。

その頃東京でもずいぶん淋《さび》しい所がたくさんありまして、大畑やなんかで狐が出たんです。私は「お母様は狐にだまされているんじゃないかしら」と心配して言いますと、兄も「そうかも知れないよ」なんて言いまして、今考えると子供らしい可愛い考えだったのですが、二人の兄妹が心配しながら待っているんでございます。

夏のことで、門口に腰をかけて待っているうちに、眠くなって寝てしまったのです。兄が母の浴衣を一枚ひっぱり出してきまして、それを蚊帳《かや》の代わりにかけまして、仲良く寝ていたのです。母が帰ってきたころには、二人とも大の字になって、かけていた浴衣なんかどこかへ飛ばしてしまい、まわりには真っ赤に血を吸った蚊がいっぱい落ちていたというのです。このことも母は楽しそうにニコニコしながら、

「それでも、二人ともなんとも言えない健康そうな顔をして、やっぱり可愛い顔して寝てたよ。神様がお守りして下さったんだねえ」

というふうに聞かしてくれました。なんでもそういうことは、いつもうれし

そうに聞かせてくれたのです。妙なもので私たちも、ちっともみじめな気がしないんです。

私が小学校の三、四年生になった頃には、いつの間にか、東本には大勢の住み込みの方がいて下さるようになったのを覚えているのでございます。その方たちが、毎日勇んで、もう張り切って、ひのきしんに励んでおられる。例えば、お便所の掃除なんかでも、もう何回するか分からない。できるだけ早く起きて、ひのきしんさせてもらおうと思って、バケツをさげて便所へ行くと、もう先に人がいて掃除をしている。そして「私のお徳を取るんじゃないよ」って掃除に行ってあべこべに叱《しか》られたんです。当時の人たちの挨拶《あいさつ》は、勇みきって張りきった声で、

「日々は結構にお連れ通り頂きまして、ありがとうございます！」

東本の方たちのご挨拶というのは、みんなこういう挨拶でございましたね。現在でもそうだと思いますが、「日々は結構にお連れ通り頂きまして、ありがとうございます」と母の言う通りの挨拶を、お互いに交わしておりました

ね。

あの当時、ただいまで言う女子青年の方々は裁縫場というのがございまして、お裁縫のお師匠さんが一人いまして、当番の人以外は、そこでみな裁縫を習うんです。住み込みの人たちの着物とか羽織とかが材料です。それも銘々が勝手に、これをしてくれと裁縫場に直接頼むのではなく、みんな母のところへいったん持ってくるのでございます。洗い張りをしてもらいたいとか言って持ってきた物を、母が受け取って洗い張りに出すのです。洗い張りといえば、洗い張りの係がちゃんとおりまして、この人は、もう朝から晩まで洗い張りばかりしている。洗いの出来たのを、裁縫場できれいに縫いあげて、それをまた母の所へ持っていきまして、頼んだ人は母からそれを受け取るという具合でした。

今考えると、あの忙しい中、よくあんなに秩序だってできたもんだと、しみじみ私は思うのでございます。ふとんなんかも、ふとんだけ毎日々々縫っている方がありました。それから綿の打ち直しをしている方がありました。綿の打ち直しは、ほこりが立つので、別にバラックを建てまして、そこで、ブーン、ブーン、ブーンと絶えず機械が動いている。住み込みの人たちが、着物でもふとんでも、垢《あか》のついたものを着ないように、たとえ粗末なものであっても、清潔なもので生活できるように、母は心を遣っていたようでございます。

その頃には、だんだん教会も広く大きくなってまいりまして、住み込む親たちと一緒に大勢の子供が教会にやってきました。私はその子供たちと寝るのも、食べるのも、着るのも、一緒に育てられたのでございます。春子姉は、その子供たちの世話どりでございます。妹の松子は私と八つ違いますし、姉は九つ違います。ちょうど私がそのころの子供たちと同年輩だったので、一緒に育てられたのです。

後になって思いますと、会長の子供というような優越感を一つも持たさずに育てられたということ、私はこれは本当に母は偉大だったと思います。どうかすると大勢の子供たちの中で、自然に会長の子供だという優越感を持ちやすいもの、ところがみんな一緒なんです。例えば着るものです。四ツ身は一反で二枚取れますね。ですから大きな子と小さな子と、二人分作れるわけです。それで私と森清さん（森下清一氏、現本静鹿《ほんしずしか》分教会長）という方がおられまして、森清さんが小さくて、私が大きいので一反で二枚つくった。すると森清さんが自分のお母さんに「母ちゃん、あたいの着物と清子さんの着物と同じだから、あたいの着物の残りで、清子さんのを縫ったんだね」と言ったそうです。そういうふうに、みんなおんなし物を着て、大きな人から小さな人にだんだんさげて着せられたわけです。新しいものばかりではありません。裁縫場の方でいろいろ工夫して作ってくれるものですから、学校で体格検査の時なんか、パーッと着物をぬいでしまったら、袷《あわせ》の着物の裏に、古い紋付がついていたり、縞《しま》がいっぱい入ったのが使ってあるんです。で、友達がそれを見て、「中川さんの、ウラシマじゃないの！」と言われたことがあります。なかなか東京の子は上手に表現しますね。

その頃のこと、母の子供たちへの思いやりというのでしょうか、私はあとになって思うのですが、母が自分で子供を直接育てられなかったということ、これはやはり心にしみこんでいたのだと思います。

ある夏の夜中のことです。そのころは大きな蚊帳をつって、子供たちは寝たんです。ふっと何かが足にさわった気がして、目が覚めますと、母が蚊帳の中に入ってきている。子供たちはみんな暴れて、足を蚊帳の外に出したりしてしまうので、蚊が蚊帳の中にいっぱい入ってしまうのです。母は肌ぬぎになって、汗をびっしょりかきながら、その蚊をローソクでシュッ、シュッ、シュッと焼いてとるんでございます。私は、まあ、上手にとるなと思って寝ながら見ていたのです。そうして母は、はみ出している子の足を入れてやったり、蚊帳の外へ頭まで出している子を抱えてふとんの中に入れてやったり、いろいろ世話どりをしておりました。本当に子供たちのことは、特に気をつけていたようです。

私たちは随分やんちゃもいたしました。何を悪いことしたのか覚えていないのですが、ともかく春子姉がおこりまして、みんな一緒にお倉に入れられたことがあります。お倉でも一人で入れられたら、暗いし淋しいし怖いものですが、大勢一緒に入ったら、ちっとも怖くないのです。中にいろいろ食べ物が入っています。お歳暮だのお中元に頂いたお砂糖が、こんな大きなカメにぎっしり詰まっている。それを出して、みんなでなめて、なめて、おなかが変になるほど、お砂糖をなめたことを覚えております。

「たまにお倉に入れられるのも、いいもんだねェ」

なんて言い合ったものです。

それから発疹チフスが出たことがあります。発疹チフスというのは、シラミから移るんだそうですね。ブツブツが肌にいっぱい出来るんです。「中川与志」にチフスと書いてありますけれど、発疹チフスです。東本の人たちは避病院に入れられるのがいやで、参拝人にまじって大方の人が逃げちゃったのです。春子姉や妹の松子も本月の教会へ逃げたのですが、私はのろまなもので、それに母が「おまえ、逃げちゃいけない」と言うものですから、兄妹の中で一人だけ残りました。母を入れて三人だけ神様のご用をさせてもらうのに残されまして、あとはみんな馬車で、避病院へ連れて行かれました。あいう所へ初めて行きました。避病院でも困ったろうと思います。大勢一緒に行きまして、一人も病人が出ない、当の発疹チフスだと診断された加藤ゆふさんも、なんともなくて帰って来たのでございます。私はあの方は発疹チフスではなく、多分皮膚病じゃなかったかと思うのです。

まああの時のことは本当に面白いのです。病院では教会よりご馳走《ちそう》なのです。ごはんだって白いごはんでしょ。教会では、あのなんとか米、そう南京米とお麦のごはんなのです。みんなよく食べまして、丸々ふとってしまって、なんだか楽しいような気持ちで過ごしました。

私は女学校を二週間でしたか休んでちょっと困ったんですけれど、母が私にだけ「おまえだけでも残りなさい」と言ってくれて、いい思い出になったと思って今でも感謝しています。

修徳夜学校というのがございました。尋常小学校一年生から高等小学校二年までで、正式に認可をとったのです。これが今の修徳高校の前身でございます。東本の一部屋という、そんな小さな所で始められたのです。

その当時、字の読めない、いわゆる文盲の人が多かったのです。おたすけに行っても表札が読めない人、また自分の先祖代々のお墓に行っても、まあいいかげんに、ここがそうだろうと参拝してくる。というわけで、文字の読めない人が多かったのです。そんなで、せめて字が読めるようにさせたいということから始まったのですね。祝詞《のりと》も読まなきゃならないし、お道の人もなかなか字が読めないと困ることばっかりです。それで、教えて下さる先生は、ひのきしんです。いろいろな先生がいらっしゃいました。遠田先生、若林先生……。

　私たち子供たちは、そこで予習、復習をやりました。ちょうど、今でいう塾のようなものです。だから教会の子は成績が良かったんです。私も小学校の時は、わりと良かったのです。そういうふうに、よくあんなにこまごまと、あの忙しい合間に、母が子供たちの学習のことまでちゃんと心配していたのです。そういうことは、やはり神様が自然にさせて下さったのだなあと思いますが、本当にもう驚くことばかりでございます。

　私の小学校三年生か四年生の時だったと思います。私はちょっとお転婆《てんば》でして、よくケンカをしたものでございます。男の子でもなぐっちゃったり、今はたいへんおとなしいんですけれども。

私は表町の明徳小学校に通っていたのですが、ある時、二階の教室から授業を終えて出ようと思いましたら、下の運動場で、「屋敷をはろうて、田売りたまえ、てんびんぼうのみーこーと」と大勢で歌っている声が聞こえるのです。それで上から眺めますと、真中で小さな男の子が、それが教会の子ではないんですけれど、ヒーヒーと泣きながら、おてふりをしているんです。そして、周りの子供たちがみんなで「屋敷をはろうて」と怒鳴っているのです。私は思わずカーッとしまして、二階から一目散に駈《か》け降りまして、一生懸命に固いゲンコツをつくり、後ろの方から男の子をグンググーンとなぐっていったんです。はじめは調子よくなぐれたのですけれど、すぐに「いや、こいつ、何しやがるんだ」と、私はもう散々なぐられました。そのうち、だれかが先生に知らせたのか、先生が飛んでこられました。

「おーい、お前たち、何だって、この女の子をなぐってるんだ！」

「こいつが最初になぐってきたんです」

「なんだって、おまえ、男の子たちを何のため、なぐったんだ」

と先生が言われますから、私は、

「みんなで、小さな男の子を、いじめてたんです」

と言った。その男の子、どこかへ逃げちゃっていないのです。そうしたら、みんなが異口同音に、

「いじめてたんじゃありません！　踊ってたから、歌をうたってやったんです」

こう言うのです。そうかも知れないんですけれども、私、もう口惜しくて口惜しくて、

「踊りじゃありません。天理教のおつとめです！」

と言ったとたんに、ワーッと泣き出してしまいました。もう頭はタンコブだらけになって痛いのを我慢しておりましたが、口惜しさに辛抱できなくなってしまったのです。

先生は、結局、私が先になぐったから、私が悪いということになって、私はバケツに一杯ずつ水を入れたのを両手にさげて、廊下に立たされておりました。今考えたら、あんなもの下へ置いといたらよかったんですが、正直に持ったままじいーっと立っていました。お休み時間がくると、みんな教室か

ら出てきます。

「やあ、あいつ、副級長の記章つけて立たされてやがらァ」

なんて言われて、思い出すとおかしいことばっかりです。私はやんちゃで、反抗心が強くて、人が顕微鏡と言っても天理教と聞いているのです。

　私は、翌日学校へ行かなかった。タンコブだらけになって寝ておりました。するよ、母が起こしに来て、ふとんをはいで、

「どうして行かないんだ」

と厳しい顔で言うのです。私は、

「私たちは、どうして、屋敷をはろうて、田売りたまえ、なんか言われるんでしょう」

　それだけ言いました。そうしたら、母が、キチーンと座り直しまして、

「まあ、おまえは、なんという、もったいないことを言うのだ」

と言って、涙をポロポロこぼすのです。私は私の頭がコブだらけになっているから、ちょっと可哀そうだと思ってくれたのかと思ったら、そうではないのです。

「それはね」と母は涙ながらに言いました。

「教祖のことを人が言うんだよ。当時の中山家のことを人が言うのだ。教祖は、世界の子供をたすけたい一条から、中山家のものを、ありとあらゆるものを、全部施してしまわれた。そして貧のどん底に落ち切られた時に〈貧乏うれしや、世に捨てられて……〉と仰せになって、喜び勇んで、もう本当に、その谷底の中を、教祖は世界たすけのため喜んでお通りになった。けれども、お子様たちは、それはもうどんなにお辛《つら》かっただろう。屋敷をはろうて、田売りたまえ、天びん棒のみこと。そのようなことを当時の人々がみんな言った時、お子様が、どれほど悲しい思いをなさったか分からないんだ。だから、おまえにそういうことを人が言ったら、おまえは、その度に、〈ああ、教祖、申し訳ありません。こかん様、申し訳ありません。ありがとうございました〉と、その度にお礼を言うのだよ」

私はそう言われたのでございます。

その時、私は頭のコブの痛さに、私をなぐった人が憎らしくて、明日行ったらどれ位なぐり返してやろうかしらなどと、そんなことばかり考えていましたが、涙で語る母の話を聞いて、そういうことがすっかり解消されまして、本当に「屋敷をはろうて」と言われることは、自分たちにも辛いことを思えば、その当時のお子様方、秀司様、こかん様は、本当にお辛かったろうなあ、という気持ちがだんだん湧いてきたのでございます。

学校で寄付金を募ることがありました。ピアノが小学校になかったものですから、それを買うために、生徒が大勢でしたので十銭か二十銭の寄付金を募ったのです。私もその書いたものを学校からもらってきて、母に見せました。

「ああ、入れといてあげるよ」

と言って、母が封筒にお金を入れておいてくれたのです。それを持って、翌日私は学校へ行って、先生に渡しました。そうしたら休憩時間に、先生が、

「中川さん、ちょっとおいで」

と廊下の隅に私を呼びました。

「あんたね、このお金、どうしてこんなに持ってきたの？」

と言われました。私はいくら入っているのか知らないのです。黙っていましたら、

「あんたのこの封筒にね、二十円はいっているんだよ。十銭か二十銭でいいのに、二十円も持ってきて。あんたは、お母さんのお金をだまって持ってきたんだろう」


先生は言うのです。私はびっくりいたしまして、

「そんなこと、ありません」

と言いますと、先生は頭の先から足の先まで私の姿をじろじろ見るのです。そして、「あなたのお母さんって、随分もの好きな人だねえ」と言うのです。その先生はちょうど転勤して来られたばかりの方で、教会の事情もなにも知らなかったのです。私は先生から見たら実にみすぼらしい格好でした。その頃、鼻紙なんか無いものですから、鼻を着物の袖でふいていました。だから袖はもうテカテカになっています。自分ながら、先生から見られるのも恥ずかしくて、こうやって隠したのです。でも先生はちゃんと見ておりまして、鼻だらけのきたない着物をきて、全体に何とも言えない格好をしている。先

生は、こんな格好をしている子が二十円も持ってきたというのは、きっと盗んできたと思われたのでしょう。私は子供の頃のこととて、先生に何にも言えませんでした。

そして、先生に泥棒と間違えられて、口惜しくて仕方なかった私は、母に会って文句を言おうとしたのです。ところが、母はなかなか忙しくて、大勢の信者さんのお取り次ぎで、ちっとも会えないのです。やっとのことで会いまして、そのピアノの寄付の話をしまして、

「私は今日、先生に泥棒と間違えられました。お母さまは私にこんな汚い風をさして、それでどうして二十円も入れたのですか！」

そういうようなことを母に言いました。

「貧乏なのに、こんな風をさしているから貧乏なんでしょう。それなのに二十円も寄付金を入れて！」

と言いました。

また私は、自分が大きくなって働くようになったら、自分の懐からお金を出すようになったら、何でもするけれどもとか、何でも買いたいとか言った

らしいのでございます。

　そうしたら、母はニコニコして、とてもやさしい口調で言いました。

「貧乏じゃないよ。お母さんはね、神様からたくさんのお金をお預かりしているんだよ。あんたはね、もしも自分が働いて儲《もう》けたお金は、自分のものだと思っているでしょう。だけど、そうじゃないのよ。なんでも、みんな、神様からの借物なんだよ。お母さんは神様からたくさんお預かりしている。この教会にお預かりしているものは、みんな神様が、お母さんに任せて下さっているんだよ。どこへ使うか、お任せ下さっているのです。でもあんたのことはね、せいぜい徳を積ましてやりたいと思って、質素ななりをさせているけれども、ピアノのことはね、できるだけ立派なピアノを学校で買ってもらいたいと思って、神様にお許し頂いて出さして頂いたんだよ」

　母はそう言って、私に仕込んでくれました。私は、その時に、

「お賽銭《さいせん》で食べているのなんか、いやです！」

と言ったのです。すると、

「仕事をしたり、お勤めをしたりして稼いだお金も、みんな神様からの借り

ものなんだよ。神様からお預かりしたものを、私たちはそれを低い気持ちで使わせて頂くということは、本当にありがたいことなんだよ」

なにかもっと母が上手に聞かせてくれたように思いますが、私はうまく表現できません。子供の時でしたが、（ああ、本当に、そうだな）と心にはまったことは確かなのです。私は母に随分反抗したり、そうした憎まれ口をきいたりしたこともあるのでございます。

そのうち私は大変な身上を頂いたのです。十四、五歳の頃から、私はなんとなく身体が弱くなりました。小学校の頃は皆勤だったのでございますが、とうとう寝込んでしまいました。

母は私が寝床の中で苦しがっておりましても、私にはちっともおさづけを取り次いでくれないのでございます。どんな人にもおさづけを取り次ぎ、お医者さんを頼んだりして、一生懸命に世話をやく母が、私に限っておさづけを取り次いでくれないのです。私はついにものが食べられなくなりまして、どういうわけか水も喉《のど》を通らなくなってしまいました。お医者さんに診てもらわないから、どういう病気なのかわからないのですが、声が出なくなって「アッ、アッ、アッ」とかすれた声しか出ません。

これは何だか、とても大変な病気らしいと思いまして、

「お母さんにおさづけをしてもらいたい」

と付き添ってくれている方に言いました。神殿にいる母に頼んでもらったら
母は、

「清子にたすけて頂きたいとのおさづけを取り次ぐことはできないんだよ。だけど、ここに連れて来てもらいたい」

と言うのです。それで神殿でみんなにおさづけを取り次いでいる母のところへ、やっと抱いて連れていってくれました。自分でも覚えていますけど、目がこう大きくなって、顔なんかこんなにやせて、薪《まき》に紙を貼りつけたように骨ばっかりになってしまって、本当にこの世のものとは思えないようでした。

母は、いきなり、

「あんたはね、今度、出直すんですよ」

と言うのです。私はもう憎まれ口をきく元気もありません。

「あんたの身体は、小さい時にね、神様にお供えさせてもらったんだよ。ある方が、たすからない身上を、それでたすけて頂いたんだよ」

　私は、

「それはだれに、だれのために、私をお供えしたんでしょう?」

と聞きました。ひとに相談もしないで、ひとの命を勝手にお供えしちゃって、と私は思いながら、「アッ、アッ」という声で聞いたのです。そうしたら、

「おまえはね、今度、出直すんだよ。いまわの際に、その人の名前を聞いて、その人に恩を着せて出直していって、どうするんだ。あんたはまだ人様におさづけ一つさせてもらったことがない。人だすけさせて頂いたこともないものが、人様の身代わりになって出直していくということは、本当にありがたいことなんだよ。あんたは身代わりにお願いした時に出直してしまえば、赤ちゃんの時だから、なんにも知らないで済んだのに、今日まで、この娘ざかりまで生かして頂いた。しかも人のいやがる肺病になったということ、これはあんたの心一つでこの身上をつくってしまったんだ。教会で生まれて、教会でお育て頂いて、そうして、こんな身上になるほどのあんたの心の遣い方、

今日までいろいろ遣ってきた心を、神様にしみじみお詫びをしなさい。そのお詫びがかなったら、あんたのその苦しみはとれて、あんたは本当に安らかに出直させてもらえるんだよ」

今よりもその頃のほうが、そんなに命を惜しいと思わなかったのですが、私はさすがに驚きました。

この身代わりのことですが、教祖が近所の乳飲児《ちのみご》をおたすけになった一つの御事歴、あれは教祖が月日のやしろになられる以前だから、ひながたとは違うんだと、お聞かせ頂きました。けれども、母はそれを信じていました。当時の人たちは、教祖の九十年の御生涯、これが全部ひながただと信じていたのです。だから信じる心に乗ってお働き下さったのだと思います。

「あんたの身上をお供えして、たすかったその人は、今も本当に元気で何百人もの理の親になっておられるのだ。だから話すことはできない」と言いまして「だから、春子姉さんの時の話をしてあげよう」と、丹波時代の死人をたすけた時の話を聞かせてくれました（注、49頁を参照）。私がどうしても信じられない心を、なんとかして信じさせてやりたいと思ったのでしょう。

この死人のご守護頂いた話を、私は夢うつつのような状態で聞いておりますうちに、

「ああ、もったいない！」

という気持ちが、やんちゃな私にも起こってまいりました。

「ああ、教祖、もったいないことでございます！」

という思いが湧きました。私は、いつも母を通して、母の涙の顔を通して、

「ああ、教祖！」と思えるのでございます。

春子姉も八十三歳まで、結構に通らせて頂きました。

母は私に申しました。

「うちの家はいんねんが深いんだ。いんねんが深いから、なんとかして、おまえたちの魂に徳をさずけて頂きたい。これがお母さんのお願いなのだ。で、今度、あんたが出直して生まれ更《か》わってきたら、本当に、どんなおたすけもさせて頂けるような、あんたの魂に徳をさずけて頂けるのだ。だから、喜んで勇んで出直して行きなさい」

私はその時にはもう、「本当にいつ死んでもいい」という気持ちになって

おりまして、「ハッ、ハッ、ハッ」と吐く息ばかりの苦しさも、私のお詫びがかなったら、出直させて頂けるのだという気持ちになりまして、それから、いろいろとお詫び、さんげを寝ながらさせてもらっておりました。

私は長い間、ちっとも熟睡できなかったのですが、その晩はぐっすり眠ることができました。その翌日だと思うのですが、どのくらい経《た》ったものか、私は目を醒《さ》ましますと、

「水がほしい」

と言ったのだそうです。だれかが私に水を飲ませてくれました。たぶん喉頭結核ではなかったかと思いますが、水が通らなかった喉に水が通りました。

「ああ、水が通った」

と言う声が聞こえました。そのうち、私が、

「ごはんを食べたい」

というわけで、おかゆでなく、ごはんを、もう死ぬのだと思っているものですから、少し食べさせてくれました。これは中癒《なお》りなのだな、ということで、出直す前にみんなちょっと良くなることがあるそうでございます。そのごは

んがいただけたのです。

それから私は、だんだんとご守護を頂きました。私は学校を休んでなかなか行かなかったのです。四月のはじめに体格検査があります。母が、

「どうして学校へ行かないの？」

と聞くので、

「体格検査があるから。肺病って言われるから、いやです」

と言うと、

「神様はね、お前の心一つで、お医者様の目もくらまして下さるんだよ」

そう言いました。

そんなことって、あるかしらと思ったのですけれども、学校へ行きまして、体格検査の時も、お医者さんは私の胸をさんざん叩《たた》いていましたが、

「異常なし！」

と言ってくれました。

私はそれから、一体何をご恩報じしようかしらと思いました。私が学校へ行く時、毎朝、小石川の柳町まで電車で通学ですが、春子姉が五銭ずつくれ

るのです。電車の早朝割引に乗ると五銭、それに乗れないと九銭、往復にかかる。その五銭で割引切符を買いまして、往きは乗せて頂いて、帰りは歩いてくる。それで半券をお賽銭箱に入れたり、おたすけに行く人にもらってもらったりしているうちに、だんだんと元の身体にして頂きました。

その五銭の半分、つまり二銭五厘ですけれども、私にしたら自分の全財産です。それをお供えさせて頂く、私にとって本当に良い仕込みをしてもらったと思うのでございます。私は絶えず裸になることだけを覚えて、生涯裸になることを楽しみにして通らせて頂いてきました。やんちゃしたり、文句を言ったり、母には申し訳ないことばかりでございますが、「心いれかえたら苦しいのが楽になるんだ。そして出直させてもらえるんだよ」と言われた時は、本当に嬉しかったのでございます。

「もしもねえ、教祖に私たちがおたすけ頂かなかったら、中川の家はいんねんが深いから、おまえたちなんか、今頃、橋の下で乞食しているんだよ」

いつでもこう言われたのです。私は初め言われました時には、

(どんな苦労、どんな貧乏したって、橋の下で乞食なんかするものか)

と思ったのです。しかしだんだん年をとってくるにつけて、身のいんねんの深さを、しみじみ悟らせて頂くことができました。

よくぞ母が通ってくれた。通らせてくれた。そう思うと、もったいなくて、ありがたくて仕方がないのです。何かがありますたびに、母にお詫びしたり、お礼をしたりしているのでございます。

母が思い出話の一つとして聞かせてくれたものに、「南」から「高安」へ、そしておぢばへと、一人の人をおたすけさせて頂くごとに運ばせて頂く時に、南の教会で、いろいろお手伝いさせてもらう。すると、いろんな人がおりまして、

「あのな、およしさんはなあ、おたすけ人やっていうてな、ああやって転がり込んできては、あの人はなあ、あれ食い倒しにきてるのや」

と言う人があったそうです。それで母は、

「悪口言われたら、こちらがたすかるんだ。いいことして悪口言われたら、たすかるんだよ」

と話してくれたことがございました。

また高安にやらして頂きますと、高安には高安の初代松村吉太郎先生のお母様おさく様が、子持ちの母をたいへんに憐れんで下さった。母が粗末な格好をしておりますのに、おさく様は、松村家の玄関の間に、炬燵《こたつ》を入れて子供と一緒に寝かせて下さったそうでございます。本当にもったいないことだと思って、やすませて頂いておりますと、奥のほうで、おさく様ともう一人のおばあさんとの話し声が聞こえてきた。

「あんたなあ、あんな汚い女子をなあ、いつも家の中に寝かせるけどなあ、あんなの、何をするやわからへんで」

母は思わず固くなって、おさく様のお声に耳をすましました。

するとおさく様が、

「あのなあ、あの人はなあ本当に熱心なおたすけ人です。だから、ああして子供をおぶって運んでくるのにほっておけません。すみませんが、どうぞあの玄関でやすませてやって下さい」

その声を聞いたとたんに、母は、ふとんの上にピタッと正座して、

「ああ、申し訳ございません。ご隠居様、ありがとうございます。私はご期待に背かないようなおたすけ人にならして頂きとうございます。どうぞお見守り下さいませ」

そこからいつも拝んだということを聞かせてくれたことがございます。母は決してそのご恩を忘れませんでした。

「東本がどんなに大きくなっても、おさく様のご恩は忘れたらいけないよ。おさく様のおかげで通れたんだよ。もったいないことです」

おさく様のことを、ご隠居様と言っておりましたが、ご隠居様のご恩を忘れないように、繰り返し子供の私たちに聞かせてくれたものでございます。

母についての思い出の中の大切なことの一つは、決して相手を教理で責めなかった人だったということです。それは私も感じておりました。

私が湖東にまいりまして、その頃の別科生で韓国から来ていた人がありまして、その人が別科に来ましてから、どうも身上が思わしくないので、あなたのお母さんにさとしてもらいたいと言われるのです。それで母にそのことを申しました。その人の身上は、胸の所がスースーと空気が抜けるような気持ちがするんだそうです。

　母は、

「ああ、そのかたはね、よっぽど真実のある人に違いないよ。だからこそ、きっともう本当に重態の身上を、ご守護頂いた人なんだよ。だけれどもおぢばに帰って、別科に入っているうちに、なにかスッスッと、その当時の張り切った気持ちが、ぬけるような気持ちになっているんじゃないかね。それだけ言ってごらん」

と言いました。私がその渡辺さんに、そのことを告げましたら、「まあ、なんとすばらしいおさとしでしょう！」と言って、

「私、お目にもかかったことないのに！　まあ大抵の人は、あんたこうだから、ああだからと、欠点をあげて下さるんですけれども、ほめて下さったのは、東本の会長さんが初めてです」

　渡辺さんのことを聞いてみますと、韓国の宣教所に住み込んで、一生懸命おたすけしておりました。ところが胸の病気が出て、次第に重くなってしまいまして、もう起きることができなくなった。その時に、その人の受け持っ

ていた信者さん、ちょうど教会から二十里離れた所に住んでいる人が重病だと、電報が来て「おたすけに来てもらいたい」というのです。その教会でも渡辺さんが、明日も知れないような重態なので、だれがおたすけに行けばいいかという相談を隣の部屋でしていた。

それを聞いていて渡辺さんは、(私はもう、やがて死ななきゃならないんだ。もう一遍ぜひおたすけさしてもらいたい。たすかるか、たすからないか分からないけれども、せめておたすけに行きたい)と思って、

「私にやらせて下さい!」

と言ったそうです。

「とんでもない! あんた、そんな身体で」

みなは言いましたが、あまりの熱意に動かされて、汽車に乗せて下さった。そして、その信者さんの家に近づくにつれて、身体がシャンとしてきて、自分で歩けるようになって、その家までようやく行ったそうです。すると、その重病だったという人が玄関に出迎えてきまして、

「やあ、先生、来て下さったんですねえ。私も先生が出掛けられるころから、

こんなに良くなりました」

そういうご守護を頂いた人だったのです。渡辺さんは筑紫の部内で慶福宣教所といって、韓国で教会長になられた方でございます。

そういうふうに、決して人をけなしたり、また、あんた、こういうことがいけないんだ、というようなさとしはしなかったんですね。相手の身になって、おさとしをしたのだと思うのです。

母が入信の頃、初めて集談所にお参りさせてもらった時に聞いたお話が、いわゆる道徳のようなお話だった。君に忠、親に孝、夫婦は仲よく、そんなお話だったそうです。

(こんな話なら、お父さんの酒の肴《さかな》に、しょっちゅう聞いている)

こんなに思ったそうでございます。その前におてふりがありますね。おてふりも、

(いやだなあ)

と思ったそうでございます。

「本当に、私は、申し訳ないことに、そんなこと思ったんだよ」

ところがその次に行きました時、教祖のおひながたのお話を聞かせて頂いたのだそうです。もうそうすると、たまらなくなって、

「こんなお方が、この世におられたのか、と思ったらもったいなくてもったいなくて、もう何とも言えずありがたくて、このお方のおっしゃることなら、どんなことでも聞かして頂こうと思って、もうおてふりでも、自分から飛込んで一生懸命習わして頂く、そして何もかも、もう教祖のおっしゃること、聞かして下さること、すべてがありがたくなった」

こういうふうに聞かせてくれたことがございます。

また、私が女学校を卒業した年の東本婦人会の総会で会員講演をするように言われた時のことです。五日前にそう言われたのですが、私は東本のみんなが、教祖のお話ばかりしかしないので、「みちのとも」や、増野鼓雪先生や中村真一郎さんの書かれたものや、婦人会から出ていた講演集や、あちこち勉強しまして、原稿を作りまして、母に見せました。私は良くできたつもりでしたが、母は読んで、

「こんなの駄目です」

と言うのです。

「どうして駄目なんですか」

と聞きますと、

「教祖のおひながたの話がないではないか、そんなのはお道の話ではない」

と言います。私は、弁士は二十人位（一人十分間位）だったと思いますが、

「出る人、出る人が、みんな教祖ひながたのお話をしたら、教祖のひながたのお話がなくなってしまいます。一人くらいお道の教理をお話しした方がいいと思います」

　そう言うと、母は、

「お前はなんてこと言うんだ。そんな料見だから肺病になるんだよ。天理教のご教理は、教祖のおひながたこそ、ご教理なんだよ」

とさとしてくれたことが、今になって、ありがたく思い返されます。

　仕方がないので、私は母が信者さん達に一生懸命、何百遍となく話してきかせているのを聞いていたお話を原稿につづりました。今でも覚えている所

があります。例えば、

「長い道中連れて通りて三十年来、寒い晩にあたる火もなかった。あちらの枝折りくべ、こちらの葉を取り寄せ、通り越した神の話に嘘《うそ》はあろうまい」

とか、

「貧乏うれしや、世に捨てられて」

という言葉を覚えています。

講演者は事前に、一人ずつ母の前で原稿を読むのです。みんな合格で私だけが書き直させられたのですが、私は母の前で、新しく出来た原稿を読みました。母は長火鉢のところに座っていまして、私はその横で読んだのでございます。

母は何も言わないで黙って聞いておりました。すると途中で、「ウッ、ウッ」といううめき声のようなものが聞こえるのです。私がふっと母の方を見ますと、母は顔を涙でびちゃびちゃにぬらして泣いているのでございます。母が常に信者さん達に物語っていたお話を書いて読んだだけですのに、あの時の、顔中涙にぬれた母を私はいつも思い浮かべます。

「模範布教師中川よし子」（注、奥谷文智著）という本が出ておりましたが、私、その本を読んでおりません。その本が出て送って来ました時に、母が涙をこぼして、

「私は、教祖のおひながたの、何百万分の一でも通らせてもらいたいと思って、つとめて来たけれども、ちっとも苦労させて頂けなかった。教祖は私に苦労させて下さらなかった。数ならぬ身の私のような者でも、おたすけにかかれば、教祖はどんどんとたすけて下さった。教祖お一人がご苦労下さったのだ。本当にもったいないことだ。なんのひながたも通れない私に、模範布教師などと書かれて、私は恥ずかしい。教祖に申し訳ない」

　そう言って、あの本を全部、買い取ってしまったのでございますが、東本のお倉に、それでもやはり紙がもったいなかったからだと思いますが、その本を焼かずに、長いこと、今でいうコンテナのような大きな箱二つに入れて、おいてあったのを覚えているのでございます。

　私はもう不肖の子で、少しも親の道が通れませんでした。ですから、およ

しさんの子と言われるのが、とても辛かったのです。でも何となく母の顔に泥をぬってはならない、という思いが、いつもございまして、何かの時には、母の面影を思い浮かべさして頂くのです。また、

「教祖！」

と思ったとたんに、母の涙にぬれた顔が浮かんでまいります。

あとがき

本書は「天理時報」に連載していたもので、最初に書いた「タンポポの花」が昭和五十年七月二十日号、最後の「日常是布教」が昭和五十三年四月二日号でしたから、三年近くにわたって貴重な紙面をお借りしたのでした。当時「天理時報」の編集をされていた安野嘉彦先生に何回も書けといわれていたものです。

東本初代会長様の伝記を書くというのではなく（既に立派な伝記がいくつか出ています）、その通り道の、今日の私達に参考になるようなエピソードをアトランダムに書いたのです。

今回、道友社から単行本にまとめて下さることになり、年代順にならべ直し、少し原稿を整理したりしました。「秘密訓令、その後」については、本芝部属本冨久《ほんふく》分教会長・西沢笑子先生に読んで頂きました。西沢先生は芳川鎌子さんの夫・寛治氏の姪にあたります。

一本にするに当たり、「哀しき子」「大いなる慈母」「身上のお返し」を書き加えましたが、まだ一年間位連載を続ける予定でしたので、中川よし先生が後継者をいかに育てたか、またどの教会もそうですが、東本も数々の節を通して伸びて来たこと等が書かれておりません。ですから中川よし先生の生涯について知りたいと思われる方は、高橋兵輔著「中川与志」を読んで頂いたら良いと思います。

なお「十五秒の名講演」について、特に触れておきたいことがあります。秘密訓令に関する資料を「みちのとも」に求めて調査した時、他のエピソードについての資料も見つかるかも知れぬと、私は創刊号から一ページずつ丹念に見て行きました。そして目的とするものは「実業公論」の大正六年七月号に掲載されているということが分かりました。ところが、「十五秒の名講演」の中川よし先生の草稿らしきものが、他の先生方のと一緒に、第二三〇号に出ていました。

私はこのことを既に書いて「天理時報」に発表しておりましたので、大変ショックでした。しかし古い先生方から語り伝えられていることは、中川よし先生は「おやさまは……」と絶句されたと言います。高安の芦田義宣先生は当時中学生で、高安詰所におられて、婦人会第一回総会に行った人達が、みな、およしさんのは良かった、おやさまは……と言っただけで、会場にいた皆が泣いた、と口々に話していたというのです。そうして翌日の新聞が「天理教信者でない記者まで、その熱誠に動かされた」と書いていたので、「それ程までに感動的だったのか」と思われたというのです。しかし「みちのとも」の記事は、記者が現場に行ったように、所々に聴衆の反応なども書いてあります。

　私は中川よし先生は別の機会に「十五秒の講演」をされたのではないかと調べましたが、ほかにおぢばで講演されたという記録はないのです。一体どういうことなのかと私は苦しんだあげく、ハタと思い当たることがありました。それは、総会の当日は大変厳しい寒さだったということ、そして、前日に講演の練習があったことを思い出したのです。多分「みちのとも」の記事は練習（室内で行われたことでしょう）の時にきいた話を書いたものではないか、と思われるのです。つまり予定稿だったのではないでしょうか。講演者が当日いかにあがっていようと、普通は原稿に従って話すものです。中川よし先生のように予定外に「おやさまは……」と言って、あとは泣いただけで話が終わった、というケースは極めて稀《まれ》でしょう。

そう思ったら、矛盾している「みちのとも」の記事も納得できると私は思い、芦田先生を訪ねました。芦田先生は、東本の初代が「おやさまは……」と泣かれたことは間違いない、その記事は原稿からとったものでしょう、と言われました。私は自分の予想を全く話さなかったのです。私は一つの大きな勉強をしました。資料が残っているからといって、それが必ずしも正しいものではないということを。ですから、この中川よし先生のエピソードの中で、私の気づかない所でいろいろ間違っている所があるかも分かりません。

さて、私の祖父母が傾倒し、父母が心底から尊敬し、私もまた、お会いしたことはないが、慕わしく仰ぎ見る東本初代会長様を「天理時報」に書く度に「よし」「中川よし」と呼びつけにしなければならないことは、私にとってどんなに辛《つら》い苦しいことだったでしょう。「よし」と書く度に、私は「東本初代会長様！　どうぞお許し下さい！」と心の中でお詫《わ》びをして来ました。

今、それが終わって、私は大変嬉《うれ》しいのです。

最後に、ご多忙の中序文をお書き頂いた大教会長様、種々ご教示頂いた佐治清子先生、明山松子先生、芦田義宣先生に、また、出版に当たってお世話になった方々に厚くお礼申し上げます。

昭和五十三年十一月二十一日

髙　橋　定　嗣